MÉMOIRE

EN FAVEUR

DES BOURBONS,

OU L'ON DÉMONTRE :

1°. Qu'en vertu de la loi Salique, loi fondamentale de la Monarchie française, les Bourbons ont un droit acquis, certain, imprescriptible à la couronne de France;

2°. Que la prétendue usurpation de Hugues Capet, souche de la famille des Bourbons, est sans fondement;

3°. Que les Bourbons n'ont point perdu leur droit à la couronne de France par les changemens que les événemens révolutionnaires ont opérés dans la forme du gouvernement;

4°. Que le vœu des Français a toujours été et est encore aujourd'hui généralement prononcé en faveur des Bourbons;

5°. Que les Bourbons ne sont point les auteurs des malheurs de la France;

6°. Que la France a toujours été heureuse sous les règnes des Bourbons, et qu'elle ne peut que l'être encore sous celui de Louis XVIII :

Ou l'on réfute tous les griefs imputés à Louis XVIII :

Ou l'on présente les moyens de faire cesser les divisions, les haines, les querelles politiques, de réunir tous les partis, de concilier les esprits, et de ramener l'ordre, la tranquillité et le bonheur en France.

Par M_e. LÉOPOLD,

Ancien docteur en droit de la Faculté de Paris, et avocat, (auteur du *Mémoire justificatif de Louis XVI.*)

Français, méfiez-vous de la suggestion des factieux; revenez à votre Roi, il sera toujours votre père, votre meilleur ami. (*Proclamation de Louis XVI avant son départ pour Montmédy*).

PARIS.

ALEXIS EYMERY, LIBRAIRE,

rue Mazarine, n°. 30.

1815.

DE L'IMPRIMERIE DE J.-B. IMBERT,
RUE DE LA VIEILLE-MONNAIE.

AVIS.

Louis XVIII, assis sur le trône par la force de la loi, le droit du sang, le voeu général de tout ce qu'il y a de Français justes, probes, honnêtes, et véritablement amis de leur patrie, de l'ordre et de la tranquillité publique, y est en butte aux propos les plus injurieux, aux sarcasmes les plus affreux, aux invectives les plus grossières, aux calomnies les plus perfides de la part, 1º. de frénétiques révolutionnaires, de forcénés ennemis de la royauté, de régicides Brutus de 1793 ; 2º. de modernes patriotes connus sous le nom d'indépendans, de gens à idées libérales, apôtres des Marat, des Robespierre, des sociétés patriotiques, des comités de salut public, de sûreté générale, des gouvernemens républicains, directorial et consulaire ; 3º. de chauds partisans de la tyrannie et du despotisme du Corse usurpateur, aujourd'hui anéanti ; 4º. de misérables factieux, de parjures rebelles, de vils séditieux, de dangereux agitateurs de toutes conditions, de toutes professions, de toutes classes.

C'est pour venger ce Monarque, qui est mon

Roi, des insultes faites à Sa Majesté, par de lâches et criminels sujets ; dévoiler les perfides manœuvres mises en usage pour attaquer ses droits légitimes et certains à la couronne, rendre odieux son gouvernement, le renverser, s'il était possible ; rassurer les esprits sur les alarmes, les inquiétudes qu'on cherche à semer sur son compte, pour amener le désordre, le trouble dans toutes les parties du royaume, et y opérer un bouleversement général ; détruire toutes les impostures qui ne tendent qu'à tourner en ridicule sa bonté, sa sagesse, ses vertus, ses principes religieux ; éclairer les gens faibles ou égarés, les mettre en garde contre la suggestion, et les ramener à des sentimens véritablement français, que je publie cet Ouvrage.

Dans la vue de rendre ce travail aussi utile que je le désire, j'ai cherché à le mettre à la portée de tout le monde, et principalement des gens les plus faciles à séduire et à tromper, et auxquels la lecture en est le plus nécessaire, persuadé que le lecteur indulgent, en condamnant les fautes qu'il pourrait y rencontrer, pardonnera en faveur du motif qui a conduit ma plume.

MÉMOIRE

EN FAVEUR

DES BOURBONS.

Lorsque les Francs vinrent dans les Gaules poser sur les débris de l'Empire Romain les fondemens de la monarchie française, ils investirent la personne de leur roi du privilége exclusif de transmettre à ses descendans mâles, à l'infini, suivant le rang de primogéniture, la couronne qu'ils lui déféraient.

En réglant ainsi primitivement l'ordre de succession au trône par le droit du sang, ils donnèrent naissance à une coutume qui bientôt eut force de loi, et que l'on nomma *loi Salique*, du nom de ces mêmes Francs, appelés *Saliens*, parce qu'ils avaient habité les bords de la rivière de Sala.

Cette loi Salique, dont la sage institution eut pour objet d'empêcher que la souveraineté ne passât entre les faibles mains des femmes; que le peuple ne tombât sous la domination toujours funeste d'un étranger; que l'Etat ne fût exposé à des intrigues, à des élections qui, d'ordinaire,

enfantent des contestations, des brigues, des caba-
les et souvent même la guerre civile, depuis 1400
ans considérée comme le plus ferme appui, comme
le *palladium* du gouvernement que la nation
française s'est librement choisi, n'a cessé d'être
respectée et observée.

C'est sur cette loi constitutionnelle de l'Etat
qui établit l'hérédité du trône dans la famille
régnante que sont fondés les droits imprescrip-
tibles des Bourbons à la couronne de France.

Pour se convaincre de la légitimité de ces
droits, il ne faut que chercher la souche qui a
produit la tige d'où sort la branche des Bourbons.

On la trouve dans Hugues Capet, fils de
Hugues le Grand, petit-fils de Robert, frère de
Eudes, XXXème. roi de France, et le VIIIème.
de la seconde race dite des *Carlovingiens*, arrière petit-fils du fameux Robert le Fort, que
l'on prétend descendre des rois de la première
race dite des *Mérovingiens*, duc de France,
comte de Paris et d'Orléans, nommé et reconnu
roi par tous les grands vassaux, les seigneurs du
royaume et le peuple entier, en l'an 987, à la
mort de Louis V, XXXVème. roi de France,
et le XIIIème. de la seconde race, décédé sans
enfans.

De ce roi, le XXXVIème. de France et le Ier.
de la troisième race dite des *Capetiens*, est sorti

une tige de rois qui a produit quatre branches ,
dont la dernière est celle des Bourbons, ainsi que
le démontre le tableau suivant de l'ordre suc-
cessif des rois de la troisième race.

SOUCHE DES ROIS
DE LA TROISIÈME RACE.

années.

987. — Hugues Capet.

TIGE COMMUNE.

996. — Robert, fils de Hugues Capet.

1031. — Henri I, fils de Robert.

1060. — Philippe I, fils de Robert.

1108. — Louis VI, dit *le Gros*, fils de Philippe I.

1137. — Louis VII, dit *le Jeune*, fils de
Louis VI.

1180. — Philippe II, dit *Auguste*, fils de
Louis VII.

1223. — Louis VIII, dit *Cœur de Lion*, fils
de Philippe II.

1226. — Louis IX, dit *Saint-Louis*, fils de
Louis VIII.

1270. — Philippe III, dit *le Hardi*, fils de
Louis IX.

1285. — Philippe IV, dit *le Bel*, fils de Philippe III.

1314. — Louis X, dit *le Hutin*, fils de Philippe IV.

1316. — Philippe V, dit *le Long*, frère de Louis X, mort sans enfans mâles.

1322. — Charles IV, dit *le Bel*, frère de Philippe V, mort sans enfans mâles.

BRANCHE DES VALOIS.

1328. — Philippe VI, dit *de Valois*, fils de Charles de Valois, petit-fils de Philippe le Hardi, cousin germain des trois derniers rois morts sans enfans mâles.

1350. — Jean, dit *le Bon*, fils de Philippe VI.

1354. — Charles V, dit *le Sage*, fils de Jean.

1380. — Charles VI, fils de Charles V.

1422. — Charles VII, dit *le Victorieux*, fils de Charles VI.

1461. — Louis XI, fils de Charles VII.

1483. — Charles VIII, fils de Louis XI.

BRANCHE DES VALOIS-ORLÉANS.

1498. — Louis XII, dit *le Père du Peuple*, duc de Valois, petit-fils de Louis duc d'Orléans, fils de Charles V, frère de Charles VI, et cousin issu de germain de Charles VIII, mort sans enfans.

BRANCHE DES VALOIS-ANGOULÊME.

1515. — François I, dit *le Père des Lettres*,

eomte d'Angoulême et duc de Valois,
fils de Charles d'Angoulême, descendant de Louis d'Orléans, fils de Charles V, frère de Charles VI, et cousin
issu de germain de Louis XII, qui
n'avait laissé que des filles.

1547. — Henri II, fils de François I.

1559. — François II, fils d'Henri II.

1561. — Charles IX, frère de François II, mort
sans enfans.

1574. — Henri III, frère de Charles IX, mort
sans enfans.

BRANCHE DES BOURBONS.

1589. — Henri IV, dit *le Grand*, fils d'Antoine
de Bourbon, duc de Vendôme, roi
de Navarre, descendant de Robert
de Clermont, cinquième fils de Saint-
Louis, cousin d'Henri III, décédé
sans successeurs.

1610. — Louis XIII, dit *le Juste*, fils d'Henri IV.

1643. — Louis XIV, dit *le Grand*, fils de
Louis XIII.

1715. — Louis XV, dit *le Bien-Aimé*, arrière
petit-fils de Louis XIV.

1774. — Louis XVI, dit *le Vertueux*, petit-
fils de Louis XV.

1793. — Louis XVII, fils de Louis XVI.

1795. — Louis XVIII, dit *le Désiré*, frère de Louis XVI.

Or, la couronne de France déférée par la nation à Hugues Capet pour être , d'après la loi Salique, transmise successivement à ses descendans mâles dans l'ordre de primogéniture, étant conformément à cette loi passée de ce monarque à Henri IV, chef de la branche des Bourbons, il est incontestable que tous les princes de la même branche ont à cette couronne un droit certain, un droit légitime, suivant le degré de proximité de parenté , et que Louis XVIII , aujourd'hui régnant , placé dans la ligne successive la plus proche du chef de cette branche , jouit à juste titre de ce droit.

Cependant d'ambitieux innovateurs, de hardis intrigans , de frénétiques révolutionnaires , de vils ramas de gens dignes successeurs des forcénés patriotes de 1793, qui tous ne respirent que confusion, désordre et bouleversement, dans lesquels ils espèrent trouver leur intérêt particulier, font continuellement de criminels efforts pour saper ces droits sacrés de la famille des Bourbons , et renverser , s'ils le pouvaient, de son trône l'auguste monarque qui y est assis par la force de la loi et le droit du sang.

Les armes qu'ils emploient sont les propos, les discours, les écrits mensongers à l'aide desquels ils travaillent dans l'ombre à tromper la bonne foi des personnes crédules, à égarer les têtes faibles, à remuer et à agiter les esprits en cherchant à insinuer : 1°. que Hugues Capet ne fut qu'un usurpateur, qu'il n'a point porté légitimement la couronne de France, parce que Charles de Lorraine, oncle de Louis V, décédé sans enfans, y avait alors un droit acquis par sa naissance ; que ses descendans qui en ont joui par droit d'hérédité n'ont pu en être mis en possession en vertu de la loi Salique qu'invoquent aujourd'hui les Bourbons, puisque cette antique loi se trouvait anéantie par l'infraction qu'elle avait reçue de l'usurpation de ce chef de la troisième race ; 2°. que les Bourbons ont été dépouillés du droit qu'ils prétendent avoir à la couronne de France, par les changemens que la souveraineté du peuple a apportés dans la forme du gouvernement ; 3°. que les Français se sont universellement prononcés contre le gouvernement des Bourbons ; 4°. que les Bourbons sont la cause de tous les malheurs de la France; 5°. que la France n'a jamais été heureuse sous les règnes des Bourbons, et qu'elle ne peut l'être sous celui de Louis XVIII.

Pour dévoiler les sourdes manœuvres de ces

anti-partisans des Bourbons, de ces ennemis de la patrie, de ces perturbateurs de la tranquillité publique, de ces fléaux de la société, faire connaître combien elles sont astucieuses et perfides, combien on doit s'en défier, combien elles sont dignes de mépris ; nous allons démontrer évidemment :

1º. Que Hugues Capet n'a point été usurpateur de la couronne de France ;

2º. Que les Bourbons n'ont point perdu leurs droits à la couronne de France par les changemens que les événemens révolutionnaires ont opérés dans la forme du gouvernement français ;

3º. Que le vœu des Français a toujours été et est encore aujourd'hui généralement prononcé en faveur du gouvernement des Bourbons ;

4º. Que les Bourbons ne sont point les auteurs des malheurs de la France ;

5º. Que la France a toujours été heureuse sous les règnes des Bourbons, et qu'elle ne peut que l'être encore sous celui de Louis XVIII.

1º. Hugues Capet n'a point été usurpateur de la couronne de France.

Pour détruire l'injuste reproche d'usurpation fait à la mémoire de Hugues Capet, soit par l'ignorance, soit par la mauvaise foi, il ne faut que présenter les véritables causes qui ont préparé et amené l'événement extraordinaire de l'élévation de ce prince au trône de France, à la place de Charles de Lorraine, qui en fut exclu ; les voici puisées aux sources les plus pures de notre histoire.

Othon II, empereur d'Allemagne en l'an 977, sous le règne de Lothaire, avait enlevé à la couronne de France, un de ses plus beaux fleurons, en s'emparant, par la force des armes, de la Lorraine, qui comprenait le Brabant et toutes les provinces situées entre le Rhin et l'Escaut jusqu'à la mer, et formait l'ancien royaume d'Austrasie, un des quatre que Clovis avait institués lorsqu'il partagea ses états entre ses quatre fils, et qui furent réunis par la suite en un seul. Cet empereur, pour se maintenir dans sa nouvelle conquête, qu'il s'attendait à lui être disputée, chercha à attirer dans son parti et à s'attacher le frère de Lothaire, nommé Charles, prince que les historiens nous présentent comme peu fortuné, intéressé, ambitieux, jaloux de la puissance des grands du royaume, cruel, vindicatif, mais un des plus vaillans guerriers de son temps. Il lui fit l'offre de la Lorraine, à la condition de se reconnaître son vassal et de lui porter foi et hommage. Charles eut la bassesse d'accepter, et après s'être soumis aux devoirs de la vassalité, il reçut l'investiture. Cette conduite de ce prince, qui était une véritable trahison de sa patrie, irrita Lothaire son frère et toute la nation française. Lothaire prit les armes et déclara à Othon et à Charles une guerre terrible qui fut sans succès. Charles, paisible possesseur de la Lorraine, se fixa à Bruxelles, ville principale de son nouveau domaine, où sous le nom de Charles de Lorraine, qu'il prit alors, oubliant entièrement qu'il était français et du sang royal, il ne s'occupa plus que des intérêts du souverain étranger avec lequel l'ambition l'avait honteusement porté à se lier.

Environ dix ans après, Louis V, qui avait succédé à Lothaire, son père, mourut sans laisser de postérité. Le trône, alors en vertu de la loi Salique était, de droit, dévolu à Charles de Lorraine, oncle de Louis V, et son seul ascendant qui pût y prétendre, mais les Ducs, les Comtes, les Barons, les Seigneurs et le peuple, la lui refusèrent pour les raisons suivantes :

1º. Parce qu'ayant abandonné et trahi sa patrie, renoncé au titre de français en reconnaissant publiquement pour son souverain un prince étranger, il n'avait plus aucun droit à la couronne de France ;

2º. Parce qu'étant le vassal de leur ennemi et ligué avec lui pour leur faire la guerre, il était indigne de l'honneur français, d'être sous son gouvernement ;

3°. Parce qu'étant entièrement dévoué à Othon, de qui il tenait sa fortune, il était à craindre que, dès qu'il serait parvenu à la royauté, il ne travaillât à assujettir à la domination de cet empereur, une partie de la France.

D'après ces motifs de refus légitimés par l'intérêt général et particulier, ils se réunirent à Noyon, dans les premiers jours du mois de mai 987, et dans une assemblée solennelle, ils déclarèrent, « qu'attendu que Louis V n'avait » laissé après lui aucun descendant, et que » l'ordre de succession à la couronne ne pouvait » et ne devait plus subsister à l'égard de Charles » de Lorraine, le trône était vacant, et qu'ils » rentraient dans le droit naturel et primitif » de se choisir un chef, sans néanmoins pré- » tendre déroger à la loi fondamentale du » royaume. » Puis ils élurent pour leur roi Hugues Capet, auquel ils prêtèrent non-seulement de vive-voix, mais encore par écrit, serment de fidélité *envers tous et contre tous, et notam- ment contre Charles de Lorraine.*

De ces faits résulte donc une preuve certaine que la loi Salique n'ayant pu recevoir d'exécu- tion en faveur de Charles de Lorraine, qui en avait lui-même arrêté l'effet par sa propre félonie, et que la nation ayant librement et volontairement disposé de la couronne comme il lui appartenait dans cette circonstance, Hugues Capet a été légalement institué roi de France et qu'il n'est point monté sur le trône en usurpateur.

Une autre preuve que l'élévation de Hugues Capet au trône à l'exclusion de Charles de Lorraine ne fut point regardée dans le temps comme une usurpation, se tire aussi de la cérémonie religieuse, encore peu usitée, du sacre de ce monarque, qui, deux mois après son élection, eut lieu à Reims., des mains de l'évêque de cette ville, sous l'assistance et du consentement d'un grand nombre de prélats du royaume, intéressés au maintien et à l'exécution des lois ecclésiastiques alors dans la plus grande vigueur, qui frappaient d'anathème quiconque portait atteinte aux droits des souverains, des seigneurs et même des simples particuliers, et qui fut terminée par cette prière conservée dans nos anciens mémoires historiques, « Seigneur, re-» pandez les dons de vos bénédictions sur votre » serviteur, qu'en bonne foi, et selon notre » conscience, nous avons élu pour roi de France. »

En effet, pour que Hugues Capet pût être rangé dans la classe des usurpateurs, il aurait fallu que ce prince, sans le concours de la na-

tion, par la force seule de ses armes, se fût
emparé de l'autorité suprême, ce qui lui eût
certainement attiré la haine de la France entière, tandis au contraire, ainsi qu'on vient de
le voir, que ce fut d'après le vœu général des
Français qu'il fut revêtu de la dignité de roi,
tandis encore, ainsi que nous l'apprend l'histoire, que quelque temps après son élection et
son sacre, tous les grands et puissans vassaux
du royaume se réunirent à lui pour arrêter les
efforts que fit Charles de Lorraine, à la tête de
nombreuses troupes levées en Allemagne, afin
de se rendre maître du trône dont il avait été
privé ; trait seul qui suffit pour détruire l'injuste reproche d'usurpation.

Mais en supposant même que dans ce changement de dynastie il y eût eu usurpation de
la royauté, de la part de Hugues Capet, et,
par conséquent, infraction à la loi Salique, de la
part de la nation qui ne s'y serait point opposée,
ou qui, en cas d'impuissance, n'aurait point protesté contre, les descendans de ce monarque
n'en seraient pas moins bien fondés aujourd'hui
à faire valoir leurs droits à la couronne de France,
suivant l'ordre de primogéniture, et en cas de
contestation à réclamer en leur faveur l'exécution de cette même loi Salique :

1°. Parce que cette prétendue usurpation, à

la mort de Charles de Lorraine sans enfans, arrivée deux ans après, serait devenue dans la maison de Hugues Capet, par le consentement du peuple français, une légitime possession qui, depuis plus de 800 ans entre les mains de ses descendans, n'a éprouvé aucune contestation ;

2º Parce que cette prétendue infraction à la loi Salique n'aurait été qu'une infraction momentanée, qui n'en aurait point entraîné l'anéantissement, puisque, depuis cette époque jusqu'à nos jours, elle a toujours réglé l'ordre de succession au trône de France, et que c'est en vertu de cette loi fondamentale de la monarchie, que tous les rois de France, depuis Hugues Capet jusqu'à Louis XVIII, se sont, sans interruption, succédés les uns aux autres de père en fils, de frère en frère, ou de plus proche en plus proche parent, à défaut d'enfant mâle de la part du prédécédé ; qu'en 1317, les états-généraux assemblés, pour prononcer sur les prétentions à la couronne de France formées par Clémence, fille de Louis le Hutin, mort sans enfans mâles, se déclarèrent unanimement en faveur de Philippe le Long, frère du monarque décédé, qui la lui disputait ; qu'en 1328 les états-généraux refusèrent aussi unanimement la couronne de France à Édouard III, roi d'Angleterre, fils d'Édouard II et d'Isabelle, sœur de Charles le Bel , qui n'avait laissé que des filles en mourant , pour la donner à Philippe de Valois , cousin germain du roi , décédé, et son plus proche parent parmi les mâles de sa famille ; qu'en 1420 , Charles VI ayant par faiblesse d'esprit nommé héritier du trône de France Henri V , roi d'Angleterre , auquel il avait donné en mariage sa fille Catherine , Charles VII , qui n'était encore que dauphin , malgré le traité passé entre Charles son père et Henri , malgré un arrêt que l'on avait fait rendre contre lui, qui le bannissait du royaume à perpétuité , et le déclarait indigne de régner , se fit reconnaître pour régent du royaume, et le seul qui dût succéder à son père ; qu'en 1589 Henri IV, fils d'Antoine de Bourbon , roi de Navarre , après la mort d'Henri III , prit , comme plus proche héritier de la couronne , le titre de roi de France qu'on voulait donner au cardinal de Bourbon , frère d'Antoine de Bourbon ; qu'en 1789 les députés aux états-généraux reçurent de leurs commettans , comme on le verra plus bas , le mandat exprès de maintenir la monarchie héréditaire dans la maison régnante des Bourbons , et de n'apporter aucun changement dans la forme du gouvernement.

Ainsi , Hugues Capet n'est point un roi usurpateur , mais un roi légitime ; et les Bourbons , ses descendans, en vertu de la loi Salique, loi constitutionnelle de l'état, loi toujours restée sacrée et inviolable pour les Français, ont seuls un droit certain au trône de France.

2°. *Les Bourbons n'ont point perdu leurs droits à la couronne de France, par les changemens que les événemens révolutionnaires ont opérés dans la forme du gouvernement français.*

A l'assemblée des états-généraux, convoquée par Louis XVI en 1789, les députés du clergé, de la noblesse et du tiers-état, des bailliages, sénéchaussées et villes du royaume, en déposant leurs cahiers de pouvoirs, firent connaître d'une manière non équivoque, quel était le vœu de la France entière sur la forme de son gouvernement. Ces cahiers, au nombre de 512, à la rédaction de chacun desquels tous les Français de l'ordre et de l'arrondissement qui les présentaient avaient librement, sans suggestion, sans crainte, participé, portaient tous en général injonction formelle à leurs mandataires de reconnaître,

« Que la loi Salique est la loi constitutionnelle » de l'état;

» Que le gouvernement français est une mo-» narchie héréditaire et non élective;

» Que la succession à la couronne est dévolue
» de droit et sans partage, à l'aîné de la
» ligne masculine la plus proche dans la famille
» régnante ;

» Que les femmes et leurs descendans mâles
» sont exclus de la succession au trône ;

» Que la personne du Roi est sacrée et invio-
» lable ; que quiconque porte atteinte à ses droits
» par paroles, par écrits ou autrement est cou-
» pable du crime de lèse-majesté, et encourt les
» peines les plus sévères ;

» Que la couronne appartient de droit aujour-
» d'hui à l'auguste maison des Bourbons ;

» Qu'il ne peut être porté aucune atteinte à
» la forme du gouvernement que s'est choisi
» primitivement la nation française, et qu'elle
» doit être inviolablement conservée. »

Ces principes fondamentaux du gouvernement auxquels les Français depuis 1400 ans
étaient toujours restés inviolablement attachés,
et dont le maintien était si généralement recom-
mandé aux députés de la nation, furent bien à
la vérité, avoués et consacrés par ces mêmes
députés constitués d'eux-mêmes, sans aucun
pouvoir de leurs commettans en assemblée nationale, dans les articles du titre III,

sect. 1 de l'Acte constitutionnel, décrétés au mois de septembre 1789, et ainsi conçus :

« La royauté est indivisible et déléguée héré-
» ditairement à la race régnante, de mâle en
» mâle, par ordre de primogéniture, à l'exclu-
» sion perpétuelle des femmes et de leurs descen-
» dans : (art. 1.)

» La personne du Roi est sacrée et invio-
» lable : » (art. 2.)

Mais bientôt on vit cette assemblée illégale-
ment formée, dominée et subjuguée par des intriguans, des ambitieux, des turbulans, des factieux qui voulaient être les souverains du peuple, fouler aux pieds les dispositions des cahiers, et au nom de la nation qui les désavouait par ses propres mandats, s'emparer de toute l'autorité, dépouiller le Roi de ses prérogatives, méconnaître ses droits, l'injurier, l'insulter, le priver de ses gardes, enlever à la noblesse, soutien et ornement du trône, ses dignités et ses priviléges, et faire en un mot de la monarchie, une véritable démocratie déguisée.

L'assemblée législative, qui au mois de juin 1791, succéda à l'assemblée nationale, ne respecta pas davantage la volonté générale du peuple, au nom duquel elle venait, quoique sans mission légale, exercer la souveraineté

Formée par ces séditieux et énergumènes pâ-
triotes, connus sous la désignation de *jacobins*,
qui avaient envahi l'autorité publique, possé-
daient toutes les places, dirigeaient les opérations du gouvernement, elle se montra digne par
ses iniques et subversives opérations, terminées
par la déchéance et l'emprisonnement du Roi,
de la tâche révolutionnaire qu'ils lui avaient
imposée d'achever le renversement de la monarchie déjà ébranlée.

La convention qui, au mois de septembre 1792,
vint remplacer l'assemblée législative, sans encore l'autorisation du peuple comprimé, mais
sous l'unique protection des plus fougueux
indépendans, des plus chauds amis de la liberté
et de l'égalité, se disant seuls la nation, sur-
passa en audace, en iniquités, en atrocités les
deux assemblées précédentes. Non contente
d'avoir élevé une monstrueuse république sur les
ruines de la monarchie, qui depuis quatorze
siècles avait illustré la France, et était le gouvernement le plus convenable à son étendue, à
sa sûreté, à sa tranquillité, au caractère et au
goût de ses habitans ; elle osa encore porter une
main sacrilége sur la personne sacrée et inviolable de son Roi, et le faire périr sous la hache
des bourreaux.

Les gouvernemens républicains, directorial et consulaire, sous lesquels la France asservie a été pendant douze ans en proie tour-à-tour à l'anarchie, au désordre, à la tyrannie, au despotisme, n'ont été qu'une suite des œuvres perverses de cette convention, dont le nom exécré rappellera toujours des souvenirs douloureux aux vrais Français amis de leur patrie et de leur Roi.

Le gouvernement impérial substitué au gouvernement républicain au mois de mai 1804, et dont l'établissement fut l'effet de l'ambition démesurée, des basses souplesses, des adroites intrigues, de la feinte popularité, des fausses promesses, de la grande puissance civile et militaire de Bonaparte, qui s'en fit proclamer le chef par tous ses partisans intéressés à son élévation, ne fut encore qu'un gouvernement hétérogène auquel la majorité des Français, loin d'accorder son libre assentiment, ne put refuser son indignation, sur-tout en voyant qu'il portait sur le trône de ses légitimes rois un étranger, un Corse qui à la journée du 13 *vendémiaire* avait fait mitrailler les Parisiens au milieu de la capitale, et dont le sceptre de fer ne promettait qu'un règne malheureux pour la France.

Tous ces divers changemens de gouvernement successivement opérés par l'intrigue, l'ambition,

l'intérêt, l'amour-propre, l'esprit d'innovation, le délire révolutionnaire, non seulement
sans le concours de la nation, mais encore
contre l'expression formelle de sa volonté, peu-
vent-ils être considérés comme des actes légitimes, devant lesquels ont dû s'éclipser la monarchie et les droits du monarque? Ne sont-ils
pas au contraire des actes frappés d'une nullité
qui ne leur laisse que le caractère d'infraction
aux primitives lois constitutionnelles de l'état
d'insurection contre toute la nation, et de ré-
bellion envers le légitime souverain?

Mais le renversement de la monarchie, l'établissement des différens gouvernemens qui en
furent la suite, eussent-ils même été l'ouvrage
de la nation parfaitement d'accord sur ces changemens, ils n'en seraient pas moins des actes
illégaux, des actes nuls qui ne pourraient porter
aucun préjudice aux droits du Roi, parce que
la nation, par le pacte social formé entre elle et
le Roi, qu'elle s'est choisi lorsqu'elle s'est cons-
tituée en monarchie, s'étant dépouillée de toute
sa souveraineté pour la placer entre les mains
de ce monarque, et la rendre héréditaire à *perpétuité* dans sa race, n'a plus le droit de reprendre cette souveraineté solennellement cé-
dée, d'en dépouiller les descendans de celui qu'elle

en a revêtu avec le pouvoir de la leur transmettre, et par conséquent ni de changer la
forme du gouvernement qu'elle a adopté et consenti, et qui est la base du contrat social, ni de
porter atteinte à la puissance de son chef devenu
en vertu de ce même contrat, indépendant de
toute autorité humaine et qui, comme on l'a toujours reconnu depuis, *ne relève que de Dieu
et de son épée.*

Si ces principes de raison, d'équité, et de
droit public, professés dans tout le monde entier,
étaient méconnus, quelle stabilité y aurait-il
dans les gouvernemens, quelle serait la garantie
de la sûreté des états, de la tranquillité des
peuples, puisqu'il ne dépendrait toujours que
d'une poignée de gens remuans et séditieux de
renverser, quand ils le voudraient, les lois fondamentales de leur pays et de se créer, au gré
de leurs caprices, de nouvelles constitutions,
d'entretenir dans leur patrie un foyer de troubles
et de désordres ?

Deux circonstances cependant peuvent se rencontrer, où la nation se trouve en droit de se
ressaisir de la souveraineté dont elle s'était dé-
mise en faveur de son Roi ; la *première*, si le
prince régnant décède sans laisser de rejetton de
sa race ; la *seconde*, si ce prince volontaire-

ment, librement et sans y être contraint par aucun événement extraordinaire, renonce à la royauté ou par un acte authentique, ou tacitement en abandonnant ses prérogatives, ses dignités et le soin du gouvernement, ne laissant aucun descendant ou ascendant pour succéder à la couronne ; comme dans l'un et l'autre cas, le pacte social qui existait entre la nation et le Roi est rompu, la nation redevient alors nécessairement maîtresse de sa souveraineté, et par conséquent libre de se donner telle forme de gouvernement qui lui paraît convenable, et de se choisir pour chef la personne qu'il lui plaît.

Ce droit de la nation de se prévaloir de la souveraineté ne lui a été acquis, depuis le commencement de la révolution, jusqu'à ce jour, envers les Bourbons dans la famille desquels est passée maintenant la couronne de France, par aucune des circonstances qui peuvent le légitimer, puisque le pacte social qui, antécédemment, liait réciproquement la nation au Roi et le Roi à la nation, loin d'avoir été brisé au milieu des orages politiques, soit par la mort, soit par la renonciation du Roi sans postérité, a toujours subsisté dans son intégrité, quoi qu'en disent nos modernes *indépendans*, par un règne non interrompu de l'héritier présomptif du trône, conformément aux dispositions de cet acte expressif de la seule et véritable volonté générale du peuple.

En effet, quoiqu'au mois de septembre 1792, la royauté eût été abolie par la convention nationale, Louis XVI, tout en succombant sous les sacriléges violences de ses sujets rebelles, ne se départit point de la qualité de roi qu'il savait ne pouvoir lui être enlevée par aucune puissance humaine ; il la conserva toujours, et même authentiquement, jusqu'aux derniers instans de sa vie, ainsi que le prouve son testament du 25 décembre 1792, dans lequel on lit en tête ces mots : « Moi Louis, seizième du nom, roi de France, etc. »

Après la mort de l'infortuné Louis XVI, arrivée le 21 janvier 1793, Louis, son fils, à qui par droit d'hérédité la couronne était dévolue, en fut de suite investi par l'effet seul de la loi fondamentale qui ne veut point que *le roi meurt en France ;* et, si les désordres, les troubles de l'état, la captivité du jeune prince ne permirent pas qu'il fût reconnu publiquement pour roi de France, il le fut au moins tacitement par tous les vrais Français, qui n'avaient pas dégénéré de la loyauté de leurs ancêtres, comme nous l'indiquent assez cette multitude de lois sanguinaires rendues, ces prisons construites sur tous les points de la France, ces échafauds dressés dans toutes les villes, pendant les deux années de son règne, 1793 et 1794, nommées par la faction l'an 2, l'an 3 de la liberté, pour comprimer les efforts du royalisme sans cesse s'élevant contre la république.

En 1795, Louis XVII étant décédé sans postérité, la couronne de France passa encore de droit, conformément à la loi constitutionnelle de l'état, à Louis-Stanislas-Xavier *Monsieur*, frère de Louis XVI, comme étant le plus près dans la ligne successive. A la vérité, ce prince, à cette époque, ne se trouvait point en France; il en était sorti dès 1792, pour se soustraire aux fureurs révolutionnaires qui menaçaient sa tête proscrite comme celle de tous les membres de sa famille; et, pendant les dix-neuf premières années de son règne, il ne vint point exercer sa souveraineté dans son royaume, où elle eût alors certainement été méconnue, et où ses jours eussent aussi été exposés à de grands dangers, au milieu d'un peuple d'abord dominé par de cruels gouvernans, assassins de leur roi, ensuite courbé sous le joug du plus affreux despotisme d'un audacieux étranger, usurpateur de l'autorité suprême, et couvert du sang du jeune d'Enghien, illustre rejeton de la race des Bourbons ; mais cet éloignement, qui n'était que l'effet d'une force majeure, et non d'une volonté libre, ne peut certainement être considéré comme une renonciation tacite à ses droits à la couronne, surtout lorsqu'on le voit,

Aussitôt après la mort de Louis XVII, prendre le titre de Louis XVIII, roi de France ;

Dater son règne, comme les autres rois, ses prédécesseurs, de l'année commencée au jour où, suivant la maxime successive, *le mort saisit le vif* ;

Se faire reconnaître pour roi à tout ce que la France avait de plus nobles et de plus fidèles guerriers qui composaient l'armée du prince de Condé, le 16 juillet de la même année 1795, au camp de Mulhain en Brigau ;

Envoyer cette noble réponse aux offres que Bonaparte, en 1802, n'étant encore que premier consul, lui fit d'un établissement soit en Pologne, soit en Italie, ou d'un traitement considérable en argent, pour l'engager à abdiquer ;

« M. Bonaparte se trompe, s'il croit m'enga- » ger à renoncer à mes droits : loin de là il les » établirait lui-même, s'ils pouvaient être liti- » gieux, par la démarche qu'il fait dans ce mo- » ment.

» J'ignore les desseins de Dieu, sur moi et
» sur mon peuple ; mais je connais les obligations
» qu'il m'a imposées ; chrétien j'en remplirai
» les devoirs jusqu'à mon dernier soupir ; fils de
» saint Louis, je saurai comme lui me respecter
» jusque dans les fers ; successeur de François Ier,
» je veux toujours pouvoir dire avec lui : *Tout*
» *est perdu, fors l'honneur.* »

Donner la protestation suivante contre l'élévation de Bonaparte à la dignité d'empereur
en 1804 ;

« En prenant le titre d'empereur, en voulant
» le rendre héréditaire dans sa famille, Bona-
» parte vient de mettre le sceau à son usurpa-
» tion ; ce nouvel acte d'une révolution, où tout
» dès l'origine a été nul, ne peut sans doute
» infirmer mes droits ; mais comptable de ma
» conduite à tous les souverains dont les
» droits ne sont pas moins lésés que les miens,
» et dont les trônes sont ébranlés par les
» principes dangereux que le sénat de Pa-
» ris a osé mettre en avant ; comptable à la
» France, à ma famille, à mon propre hon-
» neur, je croirais trahir la cause commune en
» gardant le silence en cette occasion : je déclare
» donc en présence de tous les souverains, que,
» loin de reconnaître le titre impérial que Bona-

» parte vient de se faire déférer par un corps
» qui n'a pas même d'existence légitime, je
» proteste et contre ce titre, et contre tous les
» actes authentiques auxquels il pourrait donner
» lieu. »

Écrire cette lettre à Charles IV, roi d'Espagne, en lui renvoyant la décoration de l'ordre de la Toison-d'Or, lorsqu'il apprit que ce prince l'avait envoyée à Bonaparte.

« Sire, Monsieur, et cher cousin, c'est avec
» regret que je vous renvoie les *insignia* de l'or-
» dre de la Toison-d'Or que sa majesté votre
» père, de glorieuse mémoire, m'avait confiés;
» il ne peut y avoir rien de commun entre moi
» et le grand criminel dont l'audace et la fortune
» l'ont placé sur mon trône qu'il a eu la bar-
» barie de teindre du sang pur d'un Bourbon,
» du duc d'Enghien.

» La religion peut m'engager à pardonner à
» un assassin; mais le tyran de mon peuple doit
» toujours être mon ennemi.

» Dans le siècle présent, il est plus glorieux
» de mériter un sceptre que de le porter.

» La Providence, par des motifs incompré-
» hensibles, peut me condamner à finir mes
» jours en exil; mais ni la postérité, ni mes
» contemporains ne pourront dire que, dans le

» temps d'adversité, je me suis montré indigne
» d'occuper, jusqu'au dernier soupir, le trône
» de mes ancêtres. »

Faire enfin tous les actes conservatoires de la royauté et de ses prérogatives pendant tout le temps que dura son absence jusqu'au mois de mai 1814 qu'il revint dans son royaume, délivré par la noble et généreuse entreprise des souverains alliés de l'Europe, de l'affreux gouvernement et de l'odieuse présence de son usurpateur, s'asseoir sur le trône de ses ancêtres et régner paisiblement sur son peuple qui, loin de songer à contester ses droits à la couronne, l'accueillit unanimement comme son légitime souverain, par les plus vives démonstrations d'amour et de fidélité.

A la vérité encore, lorsque le parjure Bonaparte, échappé dans les derniers jours de février 1815, de l'île d'Elbe, où sous la foi d'un traité avec les souverains alliés maîtres de son sort il s'était engagé à résider, vint audacieusement en France sous l'escorte des bayonnettes et des canons, que la plus perfide des trahisons lui avait procurés, s'emparer de ce royaume, reprendre ce titre d'empereur qu'il avait solennellement abdiqué, former à son choix une représentation nationale, donner aux Français une despotique constitution, anéantir les établissemens monarchiques, proscrire le Roi, ainsi que sa famille et toute la noblesse, persécuter tous les honnêtes citoyens qui n'avaient pas d'*idées libérales*, renouveller les terribles lois de l'émigration et des suspects, r'ouvrir les sociétés des jacobins, exercer les actes les plus arbitraires et les plus tyranniques, faire de tous les Français des soldats, et les forcer de verser leur sang pour le soutien et la défense de son gouvernement, en un mot, plonger la patrie dans un nouvel abîme de maux, Louis XVIII n'ayant à opposer à ce dévastateur aventurier que ses gardes nationales et ses fidèles sujets mal armés ou sans armes ni munitions, fut forcé, le 20 mars suivant, de se retirer momentanément avec sa famille dans une des villes frontières, où il réunit sa cour, ses ministres et les premières autorités de l'état ; mais ce second éloignement de ce monarque ne doit pas être plus que le premier considéré comme une renonciation tacite de ses droits à la couronne, puisque c'est pareillement une force majeure, et non une volonté libre qui l'a déterminé ; puisqu'il avait formellement protesté contre la rebellion et l'usurpation de Bonaparte, par son ordonnance du 6 mars, qui déclare ce rebelle usurpateur et tous ses partisans traîtres envers la patrie et le roi, et les met hors de la loi ; puis-

que; s'il n'eut pas été abandonné par presque
toutes ses troupes qui quittèrent les drapeaux de
l'honneur pour se ranger sous ceux du crime,
s'il n'eut pas été lâchement trahi par une foule
de fonctionnaires publics, de chefs de bureaux,
d'employés qui favorisèrent le passage sur toutes
les routes, procurèrent les moyens d'approvi-
sionnemens de toutes espèces, ouvrirent les
portes des villes, frayèrent le chemin de la capitale à son ennemi, la révolte qui contraignait
son départ eût été arrêtée dès le principe par
toutes les mesures que la sagesse et la prudence
lui firent prendre pour mettre ses états et sa couronne à l'abri de toute atteinte; puisque, dans
la ville où il s'était rendu, il n'avait cessé un
seul jour de se livrer aux soins du gouvernement
de son royaume; puisqu'il avait toujours com-
muniqué avec les premières autorités constituées
de l'intérieur de la France qui lui étaient restées
attachées; puisqu'enfin, aussitôt que les souverains alliés armés de nouveau contre Bonaparte
leur ennemi commun pour venger la violation
de leur traité et mettre cet Attila moderne dans
l'impuissance de ravager davantage les états
d'Europe, eurent purgé la France de ce fléau
qui la désolait, il revint régner au milieu de son
peuple qui soupirait après son retour.

Ainsi tous les divers changemens opérés par les événemens révolutionnaires dans la forme du gouvernement français, étant contraires aux lois fondamentales de l'état et expressives de la volonté générale de la nation, sont des actes illégaux, des actes de violence, des actes nuls qui n'ont pu faire perdre aux Bourbons leurs droits légitimes à la couronne de France, et qui, par conséquent, ne peuvent leur être opposés aujourd'hui.

3°. *Le vœu des Français a toujours été et est encore aujourd'hui généralement prononcé en faveur du gouvernement des Bourbons.*

Lorsqu'aux états-généraux de 1789, la nation française manifesta son attachement inviolable à la monarchie, elle fit en même temps, ainsi qu'on l'a vu ci-dessus, entendre son vœu en faveur du gouvernement des Bourbons, en demandant que la royauté restât héréditaire dans leur auguste maison. Ce vœu général, ni sollicité par l'intérêt ou l'ambition, ni obtenu ou par la crainte ou par l'espoir des récompenses, des faveurs, des protections, mais entièrement libre, et l'expression naturelle de cet amour pour leur Roi, que les vrais Français ont toujours compté au nombre de leurs vertus , depuis cette époque jusqu'à ce jour , n'a point varié.

Pour combattre et détruire ce vœu qui fait leur désespoir et leur honte , les révolutionnaires de 1789 ; les cannibales et les mégères des horribles journées des 5 et 6 octobre de la même année ; les infidèles mandataires de la nation qui s'approprièrent la souveraineté et avilirent la dignité royale ; les membres de ces sociétés patriotiques, fameuses par tous les crimes dont elles furent le foyer ; les agens des affreuses journées des 20 juin et 10 août 1792 ; les exécrables régicides de 1793 ; les amis de la liberté et de l'égalité ; les apôtres du gouvernement républicain ; les partisans du féroce étranger, usurpateur de la couronne de France , et en général tous les lâches et perfides ennemis des Bourbons , de leur côté, présentent astucieusement comme vœu universel du peuple français ;

L'abolition de la royauté, décrétée le 21 septembre 1792 ;

L'exécution de Louis XVI , qui eut lieu le 21 janvier 1793 ;

La constitution républicaine directoriale , du 5 fructidor an 3 (22 août 1793) ;

La constitution républicaine consulaire , du 22 frimaire an 8 (13 décembre 1799) ;

La constitution impériale, du 28 floréal an 12 (18 mai 1804) ;

Le rappel de Bonaparte de l'île d'Elbe, au mois de février 1815 ;

L'assemblée du champ de Mai, tenue le 1er. juin 1815, où Bonaparte fut reconnu de nouveau empereur des Français, et où fut proclamé l'Acte constitutionnel qui exclut à jamais les Bourbons du trône de France.

Mais, outre que nous avons aussi précédemment fait connaître que tous ces événemens attentatoires aux personnes et aux droits des Bourbons, contraires aux lois fondamentales de l'état, et opposés au vœu national émis aux états-généraux de 1789, n'ont point été provoqués par la nation ; qu'ils n'ont été que les œuvres d'intérêts divers et de violentes passions d'une de sa très-petite fraction, qui, par son audace, ses iniquités, ses persécutions, ses atrocités, ses crimes de toutes espèces, était parvenue à en subjuguer la masse entière, à la réduire à un silence qu'elle ne pouvait rompre qu'au péril de la vie, et à la mettre dans l'impuissance de lui opposer aucune résistance, nous ajouterons ici des détails qui serviront de preuve à ce que nous avons avancé sur le vœu des Français en faveur du gouvernement des Bourbons.

Aussitôt que les souverains de l'Europe , armés contre Bonaparte pour culbuter de son trône usurpé ce dévastateur de leurs états, et le forcer de déposer son bandeau impérial teint du sang de leur peuple , eurent, le 31 mars 1814, mis le pied dans la capitale de la France , non en ennemis , mais en libérateurs de la tyrannie et du despotisme , sous lesquels les Français depuis si long-temps gémissaient, le premier usage que firent de leur liberté les habitans, fut de manifester leur vœu pour le rétablissement du gouvernement monarchique et le retour de leur roi légitime, en faisant retentir l'air des cris : *Vive le Roi ! vivent les Bourbons !* en arborant partout l'antique drapeau de France , se décorant du panache et de la cocarde de Henri IV, et foulant aux pieds les couleurs révolutionnaires ; en faisant reparaître les armoiries , les emblêmes , les chiffres de la royauté , et détruisant ceux qui caractérisaient toute autre souveraineté ; en promenant en triomphe les bustes, les images des Bourbons , et renversant les statues de l'audacieux étranger qui s'était fait empereur.

Le conseil général du département , première autorité alors de la ville , fit aussi connaître publiquement les sentimens dont il était animé, par une proclamation du 1er. avril 1814, dans laquelle, après avoir présenté avec énergie le tableau de tous les maux que Bonaparte avait causés à la France, il s'exprime ainsi :

« Il n'est pas un d'entre nous qui, dans le
» secret de son cœur, ne le déteste (Bonaparte)
» comme un ennemi public ; pas un qui, dans
» sa plus intime communication, n'ait formé le
» vœu de voir arriver un terme à tant d'inutiles
» cruautés.

» Ce vœu de nos cœurs et des vôtres, nous
» serions des déserteurs de la cause publique,
» si nous tardions à l'exprimer.

» L'Europe en armes nous le demande ; elle
» l'implore comme un bienfait envers l'huma-
» nité, comme le garant d'une paix universelle
» et durable.

» Parisiens ! l'Europe en armes ne l'obtien-
» drait pas de vos magistrats, s'il n'était pas
» conforme à leur devoir.

» Mais c'est au nom de ces devoirs mêmes et
» des plus sacrés de tous, que *nous abjurons*
» *toute obéissance envers l'usurpateur pour*
» *retourner à notre maître légitime.*

» S'il y a des périls à suivre ce mouvement
» du cœur et de la conscience, nous les acceptons.
» L'histoire et la reconnaissance des Français

» recueilleront nos noms ; elles les légueront à
» l'estime de la postérité.

» En conséquence ,

» Le conseil général du département de la
» Seine, conseil municipal de Paris spontané-
» ment réuni,

» Déclare à l'unanimité de ses membres pré-
» sens :

» Qu'*il renonce formellement à toute obéis-
» sance envers Napoléon Bonaparte* ;

» *Exprime le vœu le plus ardent pour que
» le gouvernement monarchique soit rétabli
» dans la personne de Louis XVIII et de
» ses successeurs légitimes.* »

A l'exemple des habitans de la capitale , tous
ceux des villes et des communes de la France
rompirent le silence de l'esclavage pour témoi-
gner leur indignation contre Bonaparte et son
règne avilissant, demander cette sage monarchie sous laquelle ils avaient autrefois coulé des
jours si heureux, et rappeler les Bourbons dont le
souvenir au milieu de l'anarchie, des désordres,
des boulversemens, des persécutions , des pros-
criptions, des atrocités, ne s'était jamais éloigné
de leur cœur, et sur lesquels ils avaient toujours
fondé l'espoir d'un terme à leurs malheurs.

La déchéance de Bonaparte, prononcée par le

sénat conservateur le 3 avril 1814, l'arrêté du gouvernement provisoire du 5 du même mois, qui rétablit le gouvernement monarchique tel que l'avait demandé la nation aux états-généraux de 1789, et appela librement au trône de France Louis-Stanislas-Xavier de France, frère de Louis XVI, et après lui les autres membres de la maison de Bourbon, dans l'ordre de primogéniture, furent reçus par tous les Français avec les démonstrations de la plus grande satisfaction et le plus vif désir de jouir au plutôt de la présence de leur Roi enfin rendu à leurs vœux.

L'exécration publique qui, de tous les points de la France entièrement libre, vint alors couvrir Bonaparte, seule justifie assez que le vœu national, s'il eut été consulté, ne l'eut jamais placé sur le trône des Bourbons, où il était de lui même monté, et où il ne s'était maintenu que par la force de ses armes et la crainte qu'inspiraient son despotisme et sa tyrannie.

Le départ de cet empereur pour l'île d'Elbe, où après son abdication du 11 avril 1814 il s'était soumis par un traité passé avec les souverains alliés de l'Europe, à porter sa honte et ses remords, fournit encore une preuve de la haine générale qu'il inspirait. Dans sa route il reçut des injures de toutes espèces de la part des habitans des communes qui se trouvaient sur son passage ; à Avignon sa voiture fut entourée d'une multitude furieuse, qui l'eut mise en pièces sans les sages précautions des généraux des souverains alliés qui le conduisaient ; à Orgon, cette scène se renouvela avec des détails encore plus alarmans ; la populace lui fit entendre les cris *mort au tyran*, brûla devant lui ses portraits, lui en présenta un tout couvert de sang, en lui disant, *tiens, monstre, bourreau des Français, reconnais-toi;* elle monta sur sa voiture, lui fit crier *vive le Roi,* les femmes l'apostrophèrent de ces mots, *bête féroce, qu'as-tu fais de nos enfans ?* Ce ne fut qu'avec beaucoup de peine qu'on parvint à le garantir du danger qui le menaçait. A Saint-Canat sa voiture fut assaillie de pierres, les glaces en furent brisées, et il eut été massacré sans les mesures prises par les généraux qui l'accompagnaient et les autorités locales; ce ne fut qu'en prenant le costume russe et montant seul dans un cabriolet bien clos, qu'il se mit à l'abri de la fureur et de la vengeance du peuple dont on voudrait faire croire qu'il était l'idole chérie.

L'arrivée du roi en France, son entrée dans

la capitale, offrent un foule de scènes touchantes dont l'histoire a peu d'exemples, qui attestent que jamais titre ne fut mieux mérité ni plus justement décerné que celui de DÉSIRÉ DES FRANÇAIS, que ce monarque avait reçu d'avance de l'amour de son peuple.

A peine le vaisseau qui portait les destinées de la France fut-il entré, le 24 avril 1814, dans le port de Calais, qu'aussitôt le rivage de la mer, les remparts et tous les points élevés couverts d'une foule d'habitans de cette ville, auxquels s'étaient joints ceux des villes et des campagnes voisines, retentirent des cris de *vive le Roi, vivent les Bourbons*. Le Roi, ému des sentmens de son peuple envers lui, se montra à ses regards avides de sa présence, tendit les bras de tous côtés à la multitude avec une expression que rien ne peut rendre ; des cris d'amour, des gestes de dévouement, répondirent à ce signe de tendresse d'un père qui retrouve ses enfans après de longues souffrances, les yeux répandirent des larmes, l'attendrissement fut à son comble. Après son débarquement, les habitans se disputèrent la satisfaction de traîner eux-mêmes sa voiture ; ils le conduisirent à l'église et à son palais au milieu des acclamations d'allégresse et des chants chéris des Français , à travers la ville dont les maisons décorées de tapisseries , de drapeaux, de couronnes , de guirlandes de fleurs , offraient l'aspect de la félicité la plus parfaite.

A Boulogne , à Abbeville, à Amiens, à Compiègne , par où il passa pour se rendre à Paris , il fut reçu avec le même enthousiasme qu'à Calais. Partout sur sa route il trouva une foule d'habitans qui, comme du temps d'Henri IV , *affamés de voir leur bon Roi*, quittaient leurs maisons, leurs champs, leurs travaux, leurs occupations, pour jouir de sa vue, lui payer le tribut de leur amour et prendre part à la joie nationale.

Le 3 mai suivant , jour de son entrée dans la capitale, dès le matin, toute la route depuis Saint-Ouen où il avait couché , jusqu'à Paris (espace de plus de deux lieues) , était couverte d'un si grand nombre d'habitans des communes voisines, accourus pour avoir la douce satisfaction de contempler les traits vénérables de leur libérateur , et lui donner des preuves de leur attachement , qu'à peine restait-il la place du passage des voitures de son cortége.

Il serait impossible de peindre les vives émotions dont furent en même temps pénétrés le sensible monarque , en entrant dans sa bonne ville de Paris après vingt ans d'absence, et les habitans de cette capitale en revoyant leur légitime Roi et son auguste famille. Les premières paroles qui sortirent de la bouche de Sa Majesté, en se voyant entouré d'une multitude qui lui témoignait par toutes les expressions de la joie et même jusque par des larmes, son amour, son attachement, furent celles-ci, puisées dans le fond de son cœur vraiment paternel et digne du petit-fils d'Henri le Grand, « *enfin je me retrouve au milieu de mes enfans!* » Toutes les rues et places par où passa ce Roi si désiré, retentissant des acclamations *vive le Roi, vivent les Bourbons*, de chants d'allégresse, de joyeux concerts auxquels il répondait par des signes affectueux ; toutes les maisons ornées de tapisseries, de drapeaux blancs, de lis, de couronnes, de guirlandes de fleurs et d'inscriptions, de devises, d'emblêmes interprêtes des sentimens des Parisiens, toutes les fenêtres garnies de femmes agitant des banderoles blanches, et mêlant leur voix délicate aux mâles accens du contentement général, attestaient le bonheur que trouvait la première ville du royaume dans la possession de l'objet du vœu des Français.

Louis XVIII, remonté sur son trône, y a vu

toutes les villes et communes du royaume, qui avaient célébré par des fêtes et des réjouissances extraordinaires son retour en France, venir, lui jurer amour et fidélité sans qu'aucune lui ait refusé le serment d'obéissance.

Pendant environ les dix mois qu'il a passés au milieu de son peuple, s'occupant à cicatriser les plaies profondes de l'état, à rétablir l'ordre dans toutes les diverses branches d'administration, à procurer à son royaume une paix durable avec toute l'Europe, à poser les bases stables d'un gouvernement, à assurer la liberté individuelle de chacun de ses sujets, à rendre au commerce, aux arts, à l'industrie leur ancienne splendeur, il n'a cessé d'être vénéré indistinctement de toutes les classes des Français de tous les départemens.

Lorsqu'au 20 mars 1815, il se résolut, à l'approche de Bonaparte, dont l'évasion de l'île d'Elbe avait été favorisée par la plus honteuse trahison, de quitter la capitale pour ne pas exposer ses sujets à une résistance qui eut entraîné la guerre civile entr'eux, son départ porta la consternation dans tous les cœurs vraiment français.

Quand Bonaparte, déclaré au congré de Vienne, par toutes les puissances de l'Europe, rebelle aventurier, fit comme un de ces oiseaux de sinistre augure, dont le jour blesse les yeux, à huit heures du soir, le même jour 20 mars 1815, sa rentrée dans Paris, quoiqu'il eut dit dans une proclamation répandue avec profusion, « Français, j'ai entendu vos plaintes et vos vœux ; vous accusiez mon long sommeil, j'accours à vos cris, » on ne vit point son nocturne cortége éclairé par ces brillantes illuminations qui attestent la joie publique, mais seulement par quelques flambeaux dont la pâle lumière était nécessaire pour guider sa marche ; on ne le vit point non plus, précédé, accompagné et suivi de cette foule de Français qui, d'après sa fastueuse proclamation, auraient dû s'y trouver pour se réjouir de son réveil et lui prouver leur dévouement. Des soldats de tous corps indistinctement mêlés sans ordre, sans discipline, de perfides fonctionnaires publics, corrompus par l'argent et les promesses, des employés et gens à gages des bureaux, conduits par la crainte de perdre leur place ou par l'espoir de se faire de leur lâche soumission un moyen d'avancement, des partisans intéressés, une populace soldée et ivre, non de joie mais de vin, formaient son escorte et lui démontraient par leurs cris de *vive Napoléon, vive l'empereur*, dont le signal était donné par les grands meneurs de cette parade, qu'ils s'acquittaient du mieux qu'ils pouvaient du rôle qu'ils étaient chargés de jouer, tandis que les autorités constituées et la garde nationale qui s'étaient assez respectées pour ne pas se couvrir de l'infamie d'aller au devant de lui, ainsi que tous les honnêtes habitans, en général tristement renfermés dans leurs maisons, gémissaient en secret de voir encore une fois l'aigle carnassier venir planer sur la France.

Pendant les trois mois de la nouvelle usurpation du trône de France par Bonaparte, malgré les invectives, les calomnies, les grossières injures débitées contre le roi et la famille royale par tous les restes impurs de la révolution et la plus vile canaille ; malgré les pamphlets, les brochures, les libelles rédigés coutre le gouvernement monarchique par de bas écrivains, vendus ou dévoués à l'ennemi de leur pays ; malgré les fastidieux éloges honteusement prodigués par des motifs quelconques d'intérêt ou à prix d'argent, à l'audacieux échappé de l'île d'Elbe, contre lequel le sang de tant de millions de Français qu'il a fait périr crie vengeance, et contre lequel tant de crimes de toutes espèces dont il s'est souillé déposent ; malgré la mascarade du Champ du

Mai, où un simulacre de représentation nationale releva l'ex-empereur de son abdication du 11 avril 1814, et lui décerna de nouveau la couronne impériale ; malgré cette constitution du 1 juin 1815, la plus despotique qui ait jamais existé et qu'on a eu l'audace de vanter comme le vœu général de la nation, quoiqu'elle ne fut revêtue que d'un très-petit nombre de signatures d'acceptation, dont celles forcées des armées de terre et de mer, des fonctionnaires publics, des employés, des salariés, des pensionnés de l'Etat formaient la presque totalité ; malgré enfin tous les moyens iniques, fallacieux et séduisans, mis en usage pour avilir la famille des Bourbons, détruire ses droits incontestables à la couronne, et favoriser les hardies et déhontées prétentions à la souveraineté d'un obscur étranger que la nation avait déjà ignominieusement chassé du sol français comme usurpateur, comme féroce despote, sanguinaire tyran et auteur exécré de tous les maux qu'avait éprouvés la France depuis plusieurs années, Louis XVIII ne cessa un seul instant d'être l'objet des regrets et des soupirs de son peuple de nouveau asservi par la terreur ; un grand nombre même de départemens de l'ouest, de l'intérieur, du midi, dont la liberté, par leur éloignement de la capitale, foyer de l'insurrection ; se trouvait moins comprimée , lui prouvèrent leur fidélité et leur dévouement en s'armant pour défendre ses intérêts et combattre ses ennemis.

Le 8 juillet 1815 , jour où Louis XVIII débarrassé de l'usurpateur de son trône une seconde fois combattu , vaincu , et forcé d'abdiquer par les souverains alliés de l'Europe , rentra dans sa capitale , atteste encore que l'amour des vrais Français pour leur Roi ne s'était pas rallenti pendant sa dernière absence. Quoique l'arrivée de ce monarque chéri de ses sujets n'eût pas été annoncée publiquement , à peine le bruit en fut-il seulement répandu dans la ville , qu'aussitôt son passage se trouva , comme à sa première entrée , couvert d'une foule immense d'habitans de toutes classes , de tout âge , de tout sexe , sur le visage desquels se lisait l'allégresse et faisaient retentir l'air d'acclamations et de chants qui peignaient les sentimens de leurs cœurs. Sur le soir , ce bon Roi , pour répondre aux désirs d'une multitude d'habitans qui , rassemblés sous les fenêtres de son palais , demandaient à jouir de sa présence , étant descendu au milieu d'eux comme un père au sein de sa famille , on vit des hommes , des femmes , des vieillards se précipiter autour de lui pour baiser ses mains , toucher ses habits , lui adresser de vive voix les vœux qu'ils formaient pour lui. A la nuit, une illumination spontanée des maisons qui s'étendait jusqu'aux croisées les plus élevées des habitans les moins fortunés, fournit encore une preuve de la satisfaction universelle des Parisiens.

Toutes les villes et communes du royaume célébrèrent aussi par des fêtes et des réjouissances publiques cette seconde chute de Bonaparte, et s'empressèrent à l'envi de donner à leur légitime roi des marques de cette fidélité, de cette obéissance et de cet amour, qui ne les avaient pas quittés pendant tout le temps de son absence, mais qu'ils avaient été contraints, par la force des circonstances, de renfermer dans le fond de leur cœur.

Ainsi, d'après tous ces faits que l'évidence ne permet pas de contester, point de doute que le vœu des Français n'ait toujours été et ne soit encore aujourd'hui généralement prononcé en faveur du gouvernement des Bourbons.

4°. *Les Bourbons ne sont point les auteurs des malheurs de la France.*

Semblable à ces exhalaisons qui s'élèvent de la terre et forment en l'air les foudres qui la frappent avec fracas et menacent de la consumer, Bonaparte de la condition privée s'est effrontément élevé au haut du trône de France, d'où il a lancé sur le royaume une foule de maux qui lui ont donné des secousses si violentes que bientôt il eût été écrasé sous ses propres ruines, et effacé du nombre des états d'Europe, où depuis 1400 ans il tient le premier rang, si les Bourbons ne fussent rentrés.

Cependant c'est à ces mêmes Bourbons, qui nous ont sauvé d'une ruine presque inévitable et qui s'occupent sans relâche à réparer nos désastres, que l'iniquité impute tous nos malheurs qui ne sont que l'œuvre de l'usurpateur le plus ambitieux, le plus despote que la terre ait jamais porté, et qui osait encore, à sa parade du Champ de Mai, se vanter d'être l'homme *du choix de la nation.*

Pour se convaincre auquel des deux, ou des Bourbons ou de Bonaparte, on doit attribuer tous les malheurs qui accablent la France depuis tant d'années, il ne faut qu'examiner chacun de ces malheurs en particulier, et les peser à la balance de la justice et de l'impartialité.

Sont-ce les Bourbons qui ont dépeuplé nos villes et nos campagnes au détriment de la population, de l'agriculture, du commerce, de l'industrie et des arts; qui ont répandu la désolation

4

dans les familles en les privant de leur soutien ou de l'espoir de leur génération ; qui ont porté sur les terres des puissances voisines et attiré sur les nôtres la dévastation, le pillage, les atrocités, le meurtre et l'incendie ; qui ont fait verser des flots de sang ; qui ont rempli les hôpitaux de blessés, couvert la France d'estropiés et de mutilés ; qui ont mis nos villes et places en état de siége, les ont forcées à des préparatifs de défense ruineux, et les ont exposées à des résistances périlleuses ; qui ont causé la mort à des millions de Français, eux qui depuis vingt ans étaient absens, et dont le chef, Louis XVIII, aujourd'hui régnant, aussitôt son arrivée a aboli la conscription, fait la paix avec toute l'Europe, renvoyé dans leurs foyers ceux qui en avaient été enlevés, et licencié nos nombreuses et dispendieuses armées pour réduire ses troupes au nombre d'hommes suffisant en temps de paix ?

N'est-ce pas Bonaparte, que ses fidèles partisans prônent comme un grand guerrier qui n'eut jamais son pareil, et dont en effet il est à souhaiter pour le repos des familles, la conservation des générations futures et le bien général du peuple, qu'on n'en revoie jamais un semblable à la tête de l'Etat, qui, par des levées forcées dont on n'avait vu aucun exemple, a arraché de leur

domicile les jeunes gens, les époux, les pères de
famille pour en faire arbitrairement ses soldats,
et en former de nombreux corps d'armée toujours
prêts à marcher à ses ordres ; qui pour envahir
les Etats de tous les souverains, les partager entre
sa famille et ceux qui lui étaient les plus dévoués,
et se faire reconnaître, s'il eût pu, le premier
potentat de l'univers entier, a porté partout le
fer et la flamme et s'est rendu l'ennemi de tous
les peuples ; qui pour obtenir d'éclatantes victoires qui flattaient son amour propre et n'ont
produit aucun bien, se procurer ces grandes conquêtes que dévorait son ambition, et dont il ne
reste que la honte de les avoir entreprises, a
dans les déserts d'Afrique, sous les murs de
Saint-Jean d'Acre, à Saint-Domingue, en Italie,
au fond de la Calabre, en Portugal, en Espagne,
en Allemagne, en Prusse, en Pologne, en Russie,
fait périr ces millions de guerriers que regrette
aujourd'hui la France, soit en les forçant, tantôt
sous le climat brûlant du midi, tantôt sous celui
glacial du nord, à des marches précipitées, longues et pénibles, ou à des bivouacs dans les sai-
sons les plus rigoureuses et sur les lieux les plus
mal-sains, soit en exposant continuellement leur
vie, qu'il comptait pour rien, à des dangers certains, soit en les sacrifiant de sang-froid par

bataillons entiers, pour s'assurer par la supériorité du nombre des avantages qu'il voulait à quelque prix que ce fût obtenir ; soit en les abandonnant lâchement dans les momens les plus critiques à la merci de l'ennemi, et en proie aux horreurs de la famine, à la misère la plus affreuse, au dénuement de tous moyens de défense et d'existence, comme il le fit en Égypte, en Espagne, à Moscou, à Leipsick, en Champagne?

Sont-ce les Bourbons qui ont porté les impôts au taux où ils le sont, eux qui à leur sortie de France les ont laissés établis à 400 millions et à leur retour les ont trouvés montés à 1500 millions ?

N'est-ce pas Bonaparte qui pour subvenir aux énormes dépenses que nécessitaient ses grandes et inutiles expéditions militaires, payer ses nombreuses armées, les innombrables pensions qu'il faisait à ses soldats et à leurs veuves, les gratifications qu'il accordait à un tas de gens de toutes classes jusqu'à la plus vile populace qui servaient son parti et travaillaient sans cesse à consolider son trône chancelant, les appointemens exorbitans d'une foule de fonctionnaires publics, d'employés, d'hommes à gages nécessaires seulement à son despotisme, à sa tyrannie, et qui lui ont prouvé leur dévouement à son évasion de l'île d'Elbe, les frais de ces ruineux travaux publics, de ces monumens à sa gloire que son ambition lui avait fait entreprendre, qui les a élevés à cette somme de 1500 millions encore même insuffisante à sa prodigalité puisqu'il a laissé à son premier départ une dette de 1600 millions et à son second une autre dont le montant n'est pas encore connu ?

Sont-ce les Bourbons qui ont ruiné le commerce, eux qui le regardant comme le soutien de l'état l'ont toujours encouragé, protégé, favorisé, et sous lesquels débarrassé de toutes entraves il était dans un état d'activité et de splendeur ?

N'est-ce pas Bonaparte qui le regardant comme objet de rapport à sa discrétion, l'a surchargé d'énormes impôts, gêné, vexé de toutes manières ; qui par le peu de stabilité que présentait son remuant gouvernement a fait tomber la confiance et le crédit ; qui par ses guerres continuelles avec toute l'Europe a interrompu nos relations commerciales avec l'étranger, fait monter les denrées et marchandises à un prix exorbitant et a empêché l'exportation des produits de nos manufactures, de nos fabriques, de notre industrie, de nos goûts, de nos arts et métiers et de nos inventions ; qui par ses conscriptions, ses levées d'hommes, a privé de bras utiles nos manufactures, nos fabriques, nos ateliers, et les a forcés à une décourageante inaction; qui enfin par l'épuisement des fortunes particulières, la dépopulation des villes et des campagnes, la désolation des familles, la misère publique dont il est l'auteur, a occasionné une diminution considérable dans la consommation des denrées et marchandises de toutes espèces ?

Sont-ce les Bourbons qui ont attiré par deux fois les souverains alliés de l'Europe et leurs armées en France ?

N'est-ce pas Bonaparte qui d'abord en envahissant les états des uns, en dévastant ceux des autres, les a tous provoqués et portés à se réunir en armes contre lui pour, par sa chute, venger les outrages qu'ils avaient reçus, mettre un terme aux calamités qui affligeaient leurs peuples, faire cesser le versement du sang en Europe et poser les bases solides d'une paix qu'ils n'auraient pu obtenir avec lui ; qui ensuite manquant au traité par lequel il s'était soumis envers eux à rester dans l'île d'Elbe, est sorti de cette retraite en parjure aventurier pour venir une seconde fois usurper le trône de France sur lequel était remonté le légitime souverain, troubler la tranquillité et le bonheur dont commençaient à jouir les Français sous le gouvernement paternel de Louis XVIII, mettre en agitation tout le royaume, forcer toute la population à se lever en masse pour recommencer de nouvelles attaques, les a excités à reprendre les armes non pas contre la France, comme ils l'ont formellement déclaré, et encore moins dans l'intention, comme l'a publié et le débite encore la malveillance, de faire entre eux un partage de ce royaume que sa situation et les bornes que la nature lui a données rendent impossible ; mais contre lui seul, et à entrer une seconde fois sur notre territoire pour y détruire ce vampire dévorant de tous les pays, cette hyène insatiable de sang humain ?

Certes si Bonaparte fût resté à son île d'Elbe nous n'eussions pas eu la douleur de voir nos villes, nos campagnes envahies par toutes les armées des puissances étrangères et exposées à tous les désastres, à tous les excès, à toutes les contributions et réquisitions dont nos armées elles-mêmes dans le cours de leurs conquêtes avaient tant de fois donné l'exemple. Ce n'est donc point aux Bourbons et principalement à Louis XVIII, comme on cherche méchamment à le persuader, que nous devons imputer cette rentrée de nos ennemis en France et tous les désordres qu'elle a produits, mais à Bonaparte et à tous ses pérfides partisans et soutiens qui ont lâchement trahi leur patrie et leur Roi pour favoriser l'évasion de ce banni du lieu de son exil, protéger sa rentrée dans le royaume, soutenir et défendre les iniques prétentions de cet odieux personnage.

A toutes les observations ci-dessus qu'on joigne encore la proclamation du conseil général du département de la Seine, conseil municipal de la ville de Paris, en date du 1er. avril 1814, affichée dans Paris, notifiée à toutes les autorités constituées, et envoyée à tous les conseils généraux des départemens, qui reconnaît et dénonce Bonaparte comme seul auteur de tous les maux de la France, alors on aura la conviction de l'injustice et de la perfidie qu'il y a imputer ces mêmes maux aux Bourbons.

Cette proclamation est conçue en ces termes :

« Habitans de Paris,

» Vos magistrats seraient traîtres envers vous » et la patrie, si par de viles considérations per- » sonnelles, ils comprimaient plus long-temps la » voix de leur conscience.

» Elle leur crie que vous devez tous les maux » qui vous accablent à un seul homme.

» C'est lui qui chaque année, par la conscrip- » tion, décime nos familles : qui de nous n'a pas

» perdu un fils, un frère, des paréns des amis !
» pour qui tous ces braves sont-ils morts ? pour
» lui seul et non pour le pays. Pour quelle cause?
» ils ont été immolés uniquement à la démence
» de laisser après lui le souvenir du plus épou-
» vantable oppresseur qui ait pesé sur l'espèce
» humaine.

» C'est lui qui au lieu de *quatre cent mil-*
» *lions* que la patrie payait sous nos bons et an-
» ciens rois pour être libre, heureuse et tranquille,
» nous a surchargés de plus de *quinze cent mil-*
» *lions* d'impôts auxquels il menaçait d'ajouter
» encore.

» C'est lui qui nous a fermé les mers des deux
» mondes, qui a tari toutes les ressources de l'in-
» dustrie nationale, arraché à nos champs les
» cultivateurs, les ouvriers à nos manufactures.

» A lui nous devons la haine de tous les peu-
» ples, sans l'avoir méritée, puisque comme eux
» nous fûmes les malheureuses victimes bien plus
» que les tristes instrumens de sa rage.

« N'est ce pas lui qui, violant ce que les hom-
» mes ont de plus sacré, a retenu captif le véné-
» rable chef de la religion ; a privé de ses états,
» par une détestable perfidie, un roi son allié, et
» livré à la dévastation la nation espagnole notre
» antique et fidèle amie ?

» N'est-ce pas lui encore, qui, ennemi de ses
» propres sujets long-temps trompés par lui ,
» après avoir tout-à-l'heure refusé une paix ho-
» norable dans laquelle notre malheureux pays ,
» du moins, eût pu respirer, a fini par donner
» l'ordre parricide d'exposer inutilement la garde
» nationale pour la défense impossible de la ca-
» pitale, sur laquelle il appelait aussi toutes les
» vengeances de l'ennemi ?

» N'est-ce pas lui enfin qui, redoutant par-
» dessus tout la vérité, a chassé outrageusement
» à la face de l'Europe nos législateurs, parce
» qu'une fois ils ont tenté de la lui dire avec
» autant de ménagement que de dignité ?

» Qu'importe qu'il n'ait sacrifié qu'un petit
« nombre de personnes à ses haines ou bien à
» ses vengeances particulières, s'il a sacrifié la
» France? Que disons nous? toute l'Europe, à
» son ambition sans mesure ?

» Ambition ou vengeance la cause n'est rien.
» Quelle que soit cette cause, voyez l'effet ;
» voyez ce vaste continent de l'Europe partout
» couvert des ossemens confondus des Français
» et des peuples qui n'avaient rien à se deman-
» der les uns aux autres, qui ne se haïssaient
» pas, que des distances affranchissaient des
» querelles, et qu'il n'a précipités dans la guerre

» que pour remplir la terre du bruit de son
» nom.

» Que nous parle-t-on de ses victoires pas-
» sées ? Quel bien nous ont-elles fait ces fu-
» nestes victoires ? La haine des peuples, les
» larmes de nos familles, le célibat forcé de nos
» filles, la ruine de toutes les fortunes, le veu-
» vage prématuré des femmes, le désespoir des
» pères et des mères à qui, d'une nombreuse
» postérité, il ne reste plus la main d'un en-
» fant pour leur fermer les yeux, voilà ce que
» nous ont produit ses victoires ! Ce sont elles
» qui amènent aujourd'hui jusque dans nos murs,
» toujours restés vierges sous la paternelle ad-
» ministration de nos rois, les étrangers dont
» la généreuse protection nous recommande la
» reconnaissance lorsqu'il nous eut été si doux
» de leur offrir une alliance désintéressée. »

Ainsi les Bourbons ne sont point les auteurs
des malheurs de la France.

5°. *La France a toujours été heureuse
sous les règnes des Bourbons, et elle ne peut
que l'être encore sous celui de Louis XVIII.*

Depuis que la couronne de France est passée à la branche des Bourbons, on ne peut
citer de cette auguste famille aucun roi dont le

règne ait rendu les Français malheureux. Les différens titres que la reconnaissance nationale a ajoutés au nom de chacun d'eux sont le plus bel éloge que l'on puisse en faire, et la meilleur réplique à opposer à leurs lâches détracteurs. Henri IV fut surnommé *le Grand*, *le bon Roi*, Louis XIII *le Juste*, Louis XIV *le Grand*, Louis XV *le Bien-Aimé*, Louis XVI *le Vertueux*, *le Saint*.

Le gouvernement de ces monarques Bourbons, assis sur un pied stable et étayé de la confiance, de la fidélité et de l'amour des gouvernés, n'était point chancelant et exposé à chaque instant à être ébranlé par ces fréquentes commotions que ressentent toujours ceux fondés uniquement sur l'usurpation, les conquêtes et les ruines. Si sous Louis XVI on le vit renversé, ce ne fut que par l'effet de ces violentes et extraordinaires secousses révolutionnaires que depuis quatorze cents ans d'existence il n'avait point encore éprouvées.

Sous ce gouvernement tutélaire, en même temps des droits du souverain et de ceux des sujets, la France jouissait d'un bonheur que lui enviaient tous les états, non seulement de l'Europe, mais de l'univers entier.

Quoique les cris turbulens et séditieux de

liberté ne se fissent point entendre comme de nos jours, les Français n'en étaient pas pour cela plus esclaves, au contraire, ils se trouvaient et étaient en effet beaucoup plus libres qu'il ne le furent sous l'empire de cette déesse qu'on leur faisait invoquer sans la connaître.

L'Etat n'était point sans cesse troublé par des guerres civiles, et si quelquefois, par un de ces événemens politiques qu'il est impossible de prévoir, il se trouvait obligé de recourir aux armes, soit pour repousser, soit pour attaquer un ennemi étranger, la valeur française alors, comme aujourd'hui, ne le cédait en rien à aucune autre nation ; c'est ce que nous appennent les mémorables journées d'Arques, d'Ivri, de Fontaine-le-Français, sous Henri IV ; le fameux siége de Rhé, les glorieuses campagnes des Pays-Bas, du Languedoc, du Piémont, de l'Italie, et le redoutable Pas-de-Suse, forcé avec une artillerie conduite au milieu de l'hiver sur les plus hautes montagnes de Genêve, couvertes de neige et de glaçons, sous Louis XIII ; les victoires de Rocroi, de Zutmulhausen, de Lens, les divers passages du Rhin à la nage, les guerres victorieuses en Flandres, dans les Pays-Bas, en Hollande, en Allemagne, en Franche-Comté, en Italie, sous Louis XIV.

Les célèbres batailles de Parme , de Guastalla , de Fontenoy, les siéges et prises de toutes les places fortes de la Flandre et de l'Alsace , sous Louis XV.

A la tête des armées composées de 200 mille hommes au plus, en temps de paix , et de 400 mille environ , en temps de guerre , se trouvait une antique et respectable noblesse attachée à sa patrie, dévouée à son roi, fidèle à ses devoirs, amie du soldat , et dont les talens , la prudence et la valeur égalaient , et même surpassaient , tout ce que l'antiquité a le plus admiré dans les héros de la Grèce et de la république romaine , tels que les La Tremouille , les Montespens , les d'Epernon , les La Noue , les Matignon , les Lesdiguières, les Montmorenci, les d'Estrée , les Schomberg , les Chatillon , les Touqueville , les Créqui, les Lameilleraie, les Condé , les Turenne , les Luxembourg, les Catinat , les Vendôme , les Grammont , les Montesquiou , les Villard , les de Saxe.

Les Français n'étaient point forcés d'être soldats, les enrôlemens étaient volontaires. Une milice , à la vérité , prélevait tous les ans le dixième au plus des jeunes gens qui avaient atteint l'âge de vingt ans , mais cette levée ne servait qu'en cas de guerre , et souvent ces jeunes miliciens , pendant plusieurs années et même quelquefois pendant toute la durée de leur service militaire, n'étaient assujettis qu'à de simples revues annuelles, qui ne les détournaient point de leurs occupations ou de leurs travaux. Après sept ans de service, les congés étaient toujours délivrés à ceux qui les demandaient. Une paix toujours de plus longue durée que la guerre , rendait peu pénible la condition du soldat. Rarement les troupes entraient en campagne en hiver , elles restaient cantonnées dans les villes et, villages , rarement aussi elles bivouaquaient, elles campaient presque toujours sous des tentes. Les chefs des armées , avares du sang français, n'exposaient au danger la vie du soldat qu'avec beaucoup de prudence, de réserve, et dans la plus grande nécessité. Des avancemens , des grades , des décorations , des pensions , étaient la récompense de ceux qui s'étaient distingués par des actes de bravoure. Des retraites dans des maisons militaires , des pensions , étaient accordées à la vieillessse et aux infirmités.

Une marine royale et marchande pouvant rivaliser avec toutes celles des puissances de l'Europe, parcourait les mers d'un pôle à l'autre et y faisait respecter le pavillon français.

Le commerce libre, protégé, encouragé, considéré, était florissant. De tous nos ports sortaient continuellement des commerçans qui portaient au loin les produits de notre industrie et de nos arts et métiers, et rapportaient en échange ces denrées et marchandises coloniales que depuis tant d'années nous ne nous procurons plus qu'aux dépens de notre numéraire, et en établissaient la vente à près de la moitié de ce qu'elles coûtent depuis un grand nombre d'années, tandis que d'autres, sur le continent, se livraient à un négoce aussi varié qu'immense de tous les objets qui servent aux divers besoins de la société, pendant que nos fabriques, nos manufactures, nos ateliers, toujours dans la plus grande activité, occupant les bras des hommes, des femmes, et même jusqu'à ceux des enfans, répandaient l'aisance dans les familles des artisans et des ouvriers. Le crédit, soutenu par la confiance et la bonne foi, facilitait aux plus forts négocians comme aux plus petits marchands, l'étendue de ces opérations commerciales qui contribuaient à la fortune des uns et des autres.

L'agriculture tranquille, non surchargée de ruineux impôts, et non sujette à de vexantes réquisitions d'hommes, de bestiaux, de denrées, de fourrages, était dans un état de prospérité. A la vérité elle était soumise à des dîmes, à des droits féodaux qui n'existent plus aujourd'hui; mais ces charges connues, fixes, invariables et avec lesquelles depuis la fondation de la monarchie elle s'était d'âge en âge familiarisée, entrant toujours dans le calcul des revenus comme des fermages, n'en rendaient pas plus malheureux l'agriculteur qui alors les supportait en nature, que celui qui aujourd'hui en paye le double en numéraire.

De grands travaux publics entrepris avec sagesse, modération, nécessité et sans surcroît d'impôts, servaient d'aliment aux arts, contribuaient à la splendeur du royaume et fournissaient à la classe ouvrière qui n'était point occupée dans les fabriques, manufactures et ateliers, un travail dans lequel elle trouvait les moyens d'existence ; tels que ces beaux canaux, ces grands routes, ces superbes bâtimens royaux entrepris à divers temps sur tous les points de la France ; tels que toutes ces étonnantes fortifications de nos villes frontières sous Louis XIV et Louis XV; tels que dans la capitale, la Place-Royale, la place des Victoires, la place Vendôme, les boulevards, les arcs de triomphe des portes Saint-Martin et Saint-Denis, la colonnade du Louvre , le Pont-au-Change , le pont de la Tournelle , le Pont-Royal , l'hôtel des Invalides , l'Hopital-Général , le palais des Beaux-Arts , le Luxembourg , l'Observatoire sous Louis XIV ; l'École - Militaire , les Champs-Élysées , les égoûts , un grand nombre de fontaines, la Halle-au-Blé , le palais Bourbon , le Garde-Meuble , les quais des Théatins , des Tuileries , de Grève sous Louis XV ; l'église Sainte-Geneviève, l'hôtel des Monnaies, le palais de Justice , l'Élysée - Bourbon , l'Opéra - Comique, l'Odéon, sept lieues de murs autour de Paris, des pavillons aux barrières, les nouveaux boulevards, le déblai des maisons construites sur les quais et les ponts sous Louis XVI.

Les propriétaires , les rentiers et tous les Français indistinctement des différentes classes de la société , uniquement soumis à des impôts fixes nécessaires au soutien de l'état et étrangers à toutes ces contributions, ces réquisitions, à tous ces emprunts, ces dons patriotiques de toutes espèces, subversifs des fortunes, jouissaient librement dans les villes comme dans les campagnes de leurs revenus , de leurs pensions, des fruits de leur industrie ou de leur travail, au sein de l'ordre et de la tranquillité.

D'après ces faits que personne n'ignore, peut-on contester, sans la plus insigne mauvaise foi, que la France n'ait toujours été heureuse sous le règne des Bourbons ?

Si la France a toujours été heureuse sous le règne des Bourbons, pourquoi serait-elle malheureuse sous celui du petit-fils de Henri IV, Louis XVIII ?

Ce monarque est bon, sensible, humain, bienfaisant ; tout le monde le sait. Pendant son séjour en Angleterre, au château d'Hartwel, dans le comté de Buckingham, toute sa sollicitude se portait vers les malheureux qu'il allait lui-même chercher sous le chaume, afin de soulager leur misère et de sécher leurs larmes : aussi était-il chéri et révéré dans le pays, et toutes les fois qu'il passait par une ville ou un village, toutes les cloches sonnaient-elles, et les habitans suivaient-ils ses pas en l'accablant de témoignages d'amour et de vénération.

Il est sincèrement ami de son peuple, il ne désire que réparer promptement les maux qu'il a soufferts, et lui procurer la paix, la tranquillité et le bonheur ; il l'a prouvé par la conduite qu'il a tenue pendant les dix mois passés dans sa capitale après son retour, et par la franchise que, dans sa proclamation du 20 juin 1815, il a manifestée en ces termes :

« Revenu sur le sol de la patrie, je me plais
» à parler de confiance à mes peuples. Lorsque
» j'ai reparu au milieu d'eux, j'ai trouvé les es-
» prits agités et emportés par des passions con-
» traires. Mes regards ne rencontraient de toutes
» parts que des difficultés et des obstacles. Mon
» gouvernement devait faire des fautes, peut-
» être en a-t-il fait ; il est des temps où les in-
» tentions les plus pures ne suffisent pas pour
» diriger, ou quelquefois même elles égarent.

» L'expérience seule pouvait avertir, elle ne
» sera point perdue ; *je veux tout ce qui sau-*
» *vera la France.* »

Un autre gouvernement qu'une poignée de factieux voudrait substituer à celui de Louis XVIII,
rendrait-il la France plus heureuse ? Qui nous
garantit que ce gouvernement, quel qu'il fût,
du choix d'un parti, ne susciterait pas un mécontentement général ; qu'il n'exciterait pas des
haines et des vengeances particulières ; qu'il ne
rallumerait pas ces guerres civiles qui ont dé-
solé le royaume pendant tant de temps ; qu'il
ne rappellerait pas ces lois, ces tribunaux de
sang, ces comités, ces prisons, ces proscrip-
tions dont firent usage nos précédens gouvernemens ; qu'il ne serait pas spoliateur des fortunes
particulières ; qu'il ne serait pas despotique et

tyrannique ; enfin , que par son ambition, ses conquêtes, ses dévastations sur les territoires voisins , il n'attirerait pas contre lui les armes des puissances étrangères?

Le gouvernement de Louis XVIII est celui de notre Roi légitime , c'est le seul que nous devons reconnaître ; il est l'objet général du vœu de la nation, c'est le seul qui nous convienne ; il est tout à fait paternel, c'est le seul sous lequel nous puissions être véritablement heureux.

Pour rendre ce gouvernement odieux , ses ennemis ont porté la perversité jusqu'à supposer à Louis XVIII des intentions alarmantes bien éloignées de son cœur , et à les répandre dans le public ; mais pour peu qu'on veuille s'arrêter à ces bruits mensongers , bientôt on découvre la source empoisonnée d'où ils partent, et on reconnaît le mépris dont ils sont dignes.

En effet , de tous les griefs qu'on impute à ce monarque, qu'on examine avec impartialité ceux auxquels on attache le plus d'importance, on verra quel peu de fondement ils ont , et on jugera des autres par ceux-ci :

Louis XVIII exercera des vengeances particulières contre ceux qui ont figuré dans les gouvernemens précédens , et se sont pro-

noncés le plus fortement contre lui et sa famille.

Louis XVIII n'est point vindicatif ; il est au contraire bon, clément, indulgent. Après être remonté sur son trône en 1814, loin d'avoir, pendant les dix mois qu'il a passés dans la capitale, donné aucune preuve de vengeance, comme il le pouvait, s'il eût voulu, il s'est empressé de rassurer tous les Français en général, sur la conduite qu'ils pouvaient avoir tenue, ou les opinions et votes qu'ils pouvaient avoir émis jusqu'alors, par la défense d'en faire aucune recherche qu'il a prescrite, et par l'oubli qu'il en a commandé dans l'article XI de la Charte constitutionnelle, ainsi conçu :

« Toutes recherches des opinions et votes émis » jusqu'à la restauration, sont interdits ; le même » oubli est commandé aux tribunaux, et aux » citoyens. »

Après son retour en 1815, pouvant encore exercer de justes vengeances envers tous ceux qui avaient aidé, favorisé, soutenu d'une manière quelconque son ennemi, dans la nouvelle usurpation de son trône, il a de nouveau manifesté sa clémence, par un pardon accordé à tous ceux qui avaient été égarés, publié dans sa pro-

clamation du 20 juin de la même année 1815,
en ces termes :

« Je promets, moi qui n'ai jamais promis en
» vain, l'Europe entière le sait, de pardonner,
» à l'égard des Français égarés, tout ce qui s'est
» passé depuis le jour où j'ai quitté Lille, au
» milieu de tant de larmes, jusqu'au jour où je
» suis rentré dans Cambrai, au milieu de tant
» d'acclamations. »

Si quelques grands coupables ont récemment
été livrés à la sévérité des lois, c'est que la gra-
vité de leurs crimes et l'intérêt de l'état ont
commandé à son cœur de se faire violence.

Ainsi, cette crainte de vengeances particulières de la part de Louis XVIII, mise en avant,
n'est qu'une ruse pour augmenter le nombre de
ses ennemis.

*Louis XVIII ne tolèrera aucun autre culte
religieux que le culte catholique, qui est le
sien, à l'exercice duquel il forcera de se
conformer, comme il a déjà commencé à l'é-
gard des dimanches et fêtes.*

Louis XVIII n'est point intolérant : il est trop
sage, trop juste, trop religieux, pour jamais
contraindre les consciences, forcer ses sujets à
professer la même religion que lui, et renouve-
ler par cette contrainte ces troubles qui agitè-

rent la France au XVIe siècle, et qui, depuis, lui furent si funestes ; au contraire il laisse la liberté à chacun d'adopter telle religion qui lui convient, et assure à tous les cultes une égale protection, par l'article V de la Charte constitutionnelle qui porte :

« Chacun professe sa religion avec une égale
» liberté, et obtient pour son culte la même
» protection. »

Par l'article VI de la même Charte, il a à la vérité établi que la religion catholique, apostolique et romaine *était la religion de l'état*, mais en cela il n'a fait que répondre au vœu général de la nation, puisqu'aux états-généraux de 1789, tous les cahiers qui réclamaient unanimement le libre exercice de tous les cultes, demandaient pareillement que la religion catholique, apostolique et romaine fût déclarée la religion de l'Etat; en cela, il n'a fait encore que se conformer aux anciennes institutions, puisque par tous les rois de France, par la constitution de 1792, par la convention pa·sée à Paris, le 28 messidor an 9 (17 juillet 1801); cette même religion catholique, apostolique et romaine avait été reconnue la religion nationale.

Quant à son ordonnance du 18 novembre 1814, qui prescrit la sanctification des dimanches et fêtes, par le repos et la cessation de tout travail, elle n'est point de sa part une innovation, puisque cette sanctification est un précepte, non seulement de la religion catholique, mais encore de toutes les religions chrétiennes qui depuis Clovis, jusqu'à l'époque de notre révolution, a toujours été strictement observé en France, comme il l'a été pareillement et l'est encore aujourd'hui dans tous les pays chrétiens en général; elle n'est point non plus une gène à la liberté des consciences, puisqu'elle ne contraint personne à professer la religion catholique, plutôt qu'une autre, qu'elle laisse chacun libre les dimanches et fêtes, d'aller ou de ne pas aller à l'office; elle n'est qu'une loi politique concernant l'exercice du culte public de la religion de l'état, loi à laquelle tout individu, habitant ou étranger, quelles que soient ses opinions religieuses, est tenu de se conformer comme aux autres lois de ce même état.

Ainsi, cette prétendue intolérance de Louis XVIII n'est qu'un perfide ressort mis en jeu pour attirer sur lui le mécontentement de tous ceux qui ne professent pas sa religion.

Louis XVIII, jamais ne laissera jouir de la liberté de la presse.

Louis XVIII, par l'article VIII de la Charte

constitutionnelle, a laissé à tous les Français, « le droit de publier et de faire imprimer leurs » opinions »; mais il n'a pas voulu que la presse prêtât à la licence toute sa force, et qu'elle servît impunément, comme elle l'avait fait dans nos derniers temps d'anarchie et de désordres, à la propagation de ces audacieux écrits qui tendent à détruire les sentimens de religion, à favoriser l'impiété, à avilir les ministres des autels, à ébranler le trône, à porter le trouble dans l'état, à corrompre les mœurs, à répandre la calomnie, à tromper et égarer les esprits; son intention a été que les dangereux abus résultant de cette liberté fussent réprimés par la sévérité des lois, et en cela, loin de lui en faire un reproche on ne saurait trop lui en savoir gré.

Ainsi, ce reproche d'entraves à la liberté de la presse, fait à Louis XVIII, n'est qu'un moyen captieux.

Louis XVIII n'aura des égards que pour la noblesse; il n'admettra qu'elle aux places importantes; il lui rendra ses anciens priviléges, rétablira ses droits féodaux, et le peuple supportera seul les charges de l'état, sans participer aux honneurs.

Par l'article III de la Charte constitutionnelle,

tous les Français « sont admissibles aux emplois
» civils et militaires, » et Louis XVIII prouve
tous les jours par différentes promotions à des
places éminentes que cet article n'est pas placé
en vain dans la Charte constitutionnelle, et
qu'il récompense aussi bien la fidélité, le mérite
et les talens de ceux qui ne sont pas nobles,
que de ceux qui le sont.

Louis XVIII, par l'article LXXI de la Charte
constitutionnelle, s'est bien réservé le droit de
faire des nobles à volonté, « mais il ne peut leur
» accorder que des rangs, des honneurs, sans
» aucune exemption des charges et des devoirs de
» la société, » parce que l'article II de cette même
Charte veut que tous les Français « contribuent
» indistinctement dans la proportion de leur
» fortune aux charges de l'état ».

Quant au rétablissement des droits féodaux,
ces droits sont éteints sans retour pour jamais,
par le sacrifice qu'a fait solennellement elle-
même, la noblesse de ceux qui n'étaient qu'ho-
norifiques dans la séance des états-généraux de
la nuit du 4 au 5 août 1789, par le rembourse-
ment décrété par l'assemblée nationale et sanc-
tionné par Louis XVI, qu'elle a reçu ou dû recevoir de ceux qui étaient à titre de redevance.
Ainsi ces faveurs, ces priviléges, ce réta-

blissement des droits féodaux à acccrder à la noblesse au détriment du peuple, ne sont que de noires impostures que l'évidence et la réflexion dévoilent facilement.

Louis XVIII rétablira les lettres decachet, les lettres ministérielles d'arrestation et la liberté individuelle sera à chaque instant exposée.

Louis XVIII, nous l'avons déjà assez démontré, n'est ni un despote, ni un tyran, et sa justice, sa bonté, son humanité, sont de sûrs garans de l'exécution de l'article IV de la Charte constitutionelle qui veut que personne ne puisse être arrêté « que dans les cas prévus par » la loi et dans les formes qu'elle prescrit. »

Ainsi, les inquiétudes que l'on voudrait inspirer sur la conduite tyrannique et despotique de ce monarque envers son peuple, ne sont qu'un outrage de plus à la bonté de son cœur.

Louis XVIII dépouillera tous les propriétaires de biens nationaux, pour rendre ces biens aux nobles, aux émigrés rentrés, au clergé auxquels ils ont autrefois appartenu.

Louis XVIII, loin de chercher à ébranler l'irrévocabilité de la vente des biens nationaux, a au contraire voulu tranquilliser plus que jamais les propriétaires de ces biens par l'article IX de la Charte constitutionnelle qui s'exprime ainsi :

« Toutes les propriétés sont inviolables sans
» aucune exception de celles qu'on appelle natio-
» nales, la loi ne mettant aucune différence
» entre elles. »

S'il a fait à des émigrés rentrés la restitution de leurs biens non vendus, il n'a exercé qu'un acte de justice qui ne blesse les intérêts de qui que ce soit, et ne porte aucun préjudice aux droits des acquéreurs des autres biens vendus.

La réponse suivante qu'il a faite dans sa proclamation du 20 juin 1815, à tous les bruits absurdes qu'on a répandus sur ses prétendues idées d'anéantir les ventes des biens nationaux de toutes espèces, doit détruire toute défiance qui pourrait encore rester dans l'esprit de certains acquéreurs de ces sortes de biens.

« Si les acquéreurs de domaines nationaux ont
» conçu des inquiétudes, la Charte aurait dû suf-
» fire pour les rassurer. N'ai-je pas moi-même
» proposé aux chambres, et fait exécuter des
» ventes de ces biens ? cette preuve de ma sincé-
» rité est sans réplique ».

Ainsi, cette crainte de restitution de biens nationaux semée dans les villes et campagnes, n'est encore qu'une astuce employée pour faire détester le gouvernement de Louis XVIII.

Louis XVIII rétablira les dixmes.

Louis XVIII n'a jamais manifesté le desir que lui prête la malveillance de rétablir les dixmes. Un des membres de la députation centrale des colléges électoraux, a bien à la vérité osé avancer dans son discours d'ouverture de l'assemblée du Champ-de-Mai du 1er. juin 1815, que ce rétablissement des dixmes « était évidemment le » but et le fond de sa pensée ; » mais ce député qui avait le talent si extraordinaire de lire dans le fond des cœurs, était l'homme de Bonaparte, chargé de faire dans ce discours l'apologie du gouvernement de l'usurpateur, et la satire de celui de son légitime souverain.

Quand Louis XVIII aurait le projet de rendre les dixmes au clergé, il ne serait pas le maître de l'exécution, parce que la dixme est un impôt territorial, et qu'aucun impôt de telle nature qu'il soit, ne peut en vertu de l'article XLVIII de la Charte constitutionnelle « être établi ou perçu » s'il n'a été consenti par les deux chambres ».

Ainsi, les propos débités sur le rétablissement des dixmes, ne sont que les effets de cette envie des agitateurs, de soulever contre le gouvernement de Louis XVIII, les habitans des campagnes.

Louis XVIII ne paiera point les créanciers de l'état.

La volonté de Louis XVIII est d'acquitter toutes les dettes de l'état, l'article LXX de la Charte constitutionnelle doit en persuader tous les créanciers, en s'exprimant ainsi :

« La dette publique est garantie ; toute es-
» pèce d'engagement pris par l'état avec ses
» créanciers est inviolable. »

Ce monarque, pendant les dix mois de son gouvernement, a donné des preuves de cette volonté, par les différens paiemens qui ont été effectués, et si récemment des retards ont été apportés dans l'acquittement de certaines créances, les circonstances seules en ont été la cause, et ces retards involontaires ne sont pas un refus de paiement.

Ainsi cette inquiétude, que l'on cherche à suggérer aux créanciers de l'état, n'est encore qu'un coup porté par la faction au gouvernement de Louis XVIII.

Louis XVIII n'aura aucune considération pour le militaire.

Louis XVIII a montré par l'article LXIX

de la Charte constitutionnelle qu'il n'était point aussi indifférent au sort du militaire qu'on voudrait le faire entendre ; cet article s'exprime en ces termes :

« Les militaires en activité de service , les » officiers et soldats en retraite , les veuves , les » officiers et soldats pensionnés , conserveront » leurs grades , leurs honoraires et pensions. »

Il a encore prouvé l'intérêt qu'il prend à l'état militaire en comblant d'honneurs les maréchaux , les officiers supérieurs , les chefs des corps , en accordant à plusieurs d'entre eux des pensions , la décoration de la croix et du service dans sa maison ; en maintenant la légion d'honneur et conservant les pensions accordées à chaque membre ; en faisant payer à l'armée la solde arriérée sous le gouvernement précédent ; en acquittant les pensions constituées en faveur des veuves de militaire ou de militaires infirmes ; en faisant en un mot tout ce qu'il a pu et non tout ce qu'il aurait voulu pour le bien-être de l'armée.

Ainsi la méfiance qu'on s'efforce de jeter dans l'esprit du soldat sur la situation de son sort à venir n'est encore qu'un des pervers moyens employés pour indisposer les troupes et les soulever contre le gouvernement de Louis XVIII.

Louis XVIII réformera un grand nombre de fonctionnaires publics et d'employés, et réduira considérablement les traitemens et appointemens de ceux qui seront conservés.

Il peut exister dans les différentes parties de l'administration publique un grand nombre de fonctionnaires et d'employés dont le service soit inutile ou dont les traitemens et appointemens soient une charge trop onéreuse pour l'état dans sa situation actuelle ; alors quand Louis XVIII, dans des vues d'ordre et d'économie, réformerait ces fonctionnaires et ces employés dont l'inutilité serait reconnue, ou réduirait les traitemens et appointemens qu'il trouverait excessifs à de plus modérés ; quel mal en résulterait-il pour le peuple en général ? Ceux qui éprouveraient cette réforme nécessaire ; s'ils ont véritablement des talens, ne trouveraient-ils pas facilement à les mettre à profit ? Les fonctionnaires publics, les employés réduits à des traitemens ou à des appointemens honnêtes, en vivraient-ils moins dans l'aisance ; et la nation n'éprouverait-elle pas une salutaire diminution sur les énormes impôts que l'on prélève sur elle pour ces dépenses jugées inutiles et superflues ?

Ainsi, vouloir faire à Louis XVIII un grave

6

reproche de ce qui ne serait de sa part qu'un acte de sagesse, n'est-ce pas donner une preuve de l'acharnement que l'on met à faire détester son gouvernement?

Louis XVIII ne rendra point le commerce florissant.

Comment le commerce ne reprendrait-il pas de l'activité et de la splendeur sous le gouvernement pacifique de Louis XVIII? Tous nos ports qui depuis tant d'années étaient fermés à l'importation et à l'exportation des denrées et marchandises de toutes espèces vont être ouverts ; une paix générale va favoriser avec l'étranger toutes les communications que nos guerres avaient interrompues ; les produits de nos fabriques, de nos manufactures, de notre industrie, de nos arts et métiers, dont la vente était limitée à l'intérieur, dégagés de toutes entraves, vont circuler librement dans toutes les parties du monde.

A entendre cependant les ennemis de Louis XVIII, cette paix qu'il a promise au commerce comme devant lui être favorable, ne lui deviendra que très-préjudiciable par la liberté qu'auront les puissances étrangères de nous apporter les denrées et marchandises de leurs pays. Pour détruire cet absurde raisonnement, il ne faut que faire les réflexions suivantes : les puissances étrangères fabriquent-elles toutes espèces de marchandises en général? N'ont-elles pas au contraire chacune des genres d'industrie qui leur sont particulières, comme nous en avons nous-mêmes? Quand bien même elles fabriqueraient toutes espèces de marchandises en général, n'avons-nous pas le même avantage qu'elles, la même concurrence? Ne pouvons-nous pas fabriquer aussi beau, aussi bon, au même prix qu'elles, vendre chez nous ce qu'elles voudraient y vendre, vendre ou échanger comme elles nos denrées et marchandises dans leurs pays, dans les îles et les colonies des deux Indes, ainsi que dans toutes les autres parties du monde entier? Avant notre révolution, les puissances étrangères ne commerçaient-elles pas avec nous? Ne nous apportaient-elles pas leurs marchandises comme nous leur portions les nôtres? Pour cela notre commerce était-il nul? Au contraire, il était dans cet état florissant que nous désirons. et que nous devons espérer revoir incessamment.

Ainsi, cette défaveur que l'on veut jeter dans l'esprit du commerçant sur la paix, le plus grand bienfait que Louis XVIII puisse accorder au commerce, n'est qu'une suite de la malignité des ennemis du gouvernement.

Louis XVIII ne s'occupera guère des ou-
vriers, des indigens et des malheureux; il ne
procurera ni du travail aux uns, ni des se-
cours aux autres.

De tous les reproches que la malveillance puisse faire à Louis XVIII, il n'en est point qui doivent être plus affligeant pour son cœur bon, sensible et humain, que celui-ci.

Tous les Bourbons sous leurs règnes se sont toujours occupés des intérêts du peuple en général et surtout de la classe ouvrière, indigente et malheureuse ; les grand travaux publics exécutés dans les provinces et dans la capitale, les établissemens et entretiens des maisons de secours pour l'indigence, l'infirmité, la vieillesse, les soulagemens de diverses espèces accordés à la nécessité dans une infinité de circonstances, en sont une preuve certaine.

Pourquoi Louis XVIII qui, ainsi qu'on l'a vu plus haut, se montrait en Angleterre si charitable, si bienfaisant envers un peuple qui lui était étranger, le serait-il moins envers ses propres sujets qu'il veut gouverner en père ?

À son arrivée en France, en 1814, il a fait verser dans les caisses de bienfaisance et de secours des sommes auxquelles un vain faste au-

rait pu donner une autre destination ; il a toujours depuis fait payer exactement et de préfé-
rence à toutes autres dettes ou dépenses les sommes nécessaires à l'entretien des maisons de secours, de charité et de soulagement.

Les travaux publics étaient l'objet de sa sollicitude lorsque des troubles sont venu interrompre
ceux qu'il avait commencés et arêter ceux qu'il
avait projetés ; mais cette interruption momentanée ne sera pas de longue durée, et bientôt
l'ouvrier retrouvera un travail habituel que lui
garantit l'intérêt que prend le Roi au sort de tous
ses sujets indistinctement, et particulièrement à
la classe la plus souffrante.

Ainsi cette prétendu privation de travaux pour
l'ouvrier et de secours pour l'indigent et le malheureux sous le gouvernement de Louis XVIII,
n'est encore qu'un perfide moyen de soulèvement
contre le bienfaisant monarque.

D'après ces observations il est facile de se convaincre qu'il n'est point d'efforts que ne fassent,
point de ruses que n'emploient, point de moyens
que ne mettent en usage, point de bruit que ne
répandent, point d'alarmes que ne jettent les
factieux d'aujourd'hui comme ceux de 1792, qui
travaillaient à renverser la monarchie, et de la
suggestion desquels l'infortuné Louis XVI nous

engageait à nous méfier, pour nous tromper, nous égarer, nous diviser et nous faire préférer un détestable gouvernement que leur ambition, leur intérêt, leur amour propre, leur délire révolutionnaire voudraient nous donner, à celui qui seul convient à la France et peut lui rendre ce repos, cette tranquillité, cette splendeur, cette prospérité dont elle n'a cessé de jouir sous les Bourbons.

En résumant donc tout ce que nous avons présenté dans ce Mémoire pour établir qu'en vertu de la loi Salique, loi fondamentale de l'état, les Bourbons seuls avaient un droit acquis, certain et imprescriptible à la couronne de France, on voit comme nous l'avons avancé ;

1°. Que la prétendue usurpation de Hugues Capet, que l'on voudrait faire valoir pour anéantir le droit des Bourbons à la couronne de France, est sans fondement ;

2°. Que les divers changemens que les événemens révolutionnaires ont amenés dans la forme du gouvernement, étant contraires aux lois constitutionnelles de l'état, à l'expression formelle de la volonté nationale, et ne s'étant opérés que par la violence, n'ont pu, ainsi qu'on le prétend, préjudicier aux Bourbons et leur faire perdre leurs droits à la couronne de France ;

3°. Que le vœux des Français a toujours été et est encore aujourd'hui généralement prononcé en faveur du gouvernement des Bourbons ;

4°. Que les Bourbons ne sont point les auteurs des malheurs de la France ;

5°. Que la France a toujours été heureuse sous le règne des Bourbons, et qu'elle ne peut que l'être encore sous celui de Louis XVIII.

Maintenant, nous Français de toutes conditions, de tous états, de toutes classes, qui connaissons notre légitime souverain, le seul qui nous convienne, le seul qui peut véritablement nous rendre heureux, que devons-nous faire pour jouir de cette tranquillité, de ce bonheur après lesquels nous soupirons depuis tant de temps ? Nous rallier tous autour de Louis XVIII, de ce descendant de saint Louis, de ce petit-fils de Henri IV ; mettre notre confiance, notre espoir dans ce Roi sage, vertueux, éclairé et bienfaisant, qui veut être notre père, notre meilleur ami, et qui travaille sans relâche à réparer nos maux : la religion, la patrie, l'honneur, la raison, notre intérêt personnel, nous prescrivent ce devoir.

Plus de divisions, plus de factions, plus de querelles politiques, plus de dénominations de parti entre nous ; elles ne servent qu'à favoriser

les intentions des malveillans, à susciter et entretenir des haines, à contribuer à notre mal-
heur commun ; éteignons nos discordes, faisons
à la tranquillité générale et au bonheur public,
le sacrifice de nos ressentimens ; oublions le
passé, donnons-nous le signe de paix, montrons-
nous tous Français en nous rangeant sous la ban-
nière française, et en jurant ensemble à notre
Roi, amour et fidélité.

Quant à ces Français qui n'en ont que le nom
sans en avoir les sentimens, en qui est éteint tout
amour de leur patrie et de leur Roi, qui persis-
tent à ne pas vouloir se rapprocher du centre
commun, parce qu'ils espèrent trouver leur intérêt particulier dans un trouble, un désordre,
une insurrection, un bouleversement d'état, un
changement de gouvernement qu'ils désirent, et
qu'ils travaillent sourdement à exciter par leurs
discours, leurs écrits, leurs propos séditieux,
alarmans, calomnieux, injurieux envers le souverain ; s'ils nous sont connus ne cherchons point
à combattre leurs opinions par des injures, ce
serait allumer le feu de la discorde ; ne nous per-
mettons point non plus de vôies de fait à leur
égard, ce serait provoquer la guerre civile ;
Louis XVIII, d'ailleurs, dans sa proclamation
du 1 septembre 1815, nous en fait la défense for-

melle en ces termes : « La punition de ces crimes
» doit-être nationale, solennelle et régulière : les
» coupables doivent tomber sous le glaive de la
» loi et non pas succomber sous le poids des ven-
» geances particulières. Ce serait offenser la jus-
» tice, ce serait perpétuer les désordres et ouvrir
» la porte à mille désordres; ce serait bouleverser
» l'ordre social, que de se faire juge exécuteur
» pour les offenses qu'on a reçues ou même pour
» les attentats commis contre notre personne. »
Employons, au contraire, la douceur, la raison,
la persuasion pour les désabuser, les éclairer, les
ramener aux principes conservateurs de l'ordre.
Si nos efforts sont sans effet, faisons-leur envi-
sager la peine à laquelle ils s'exposent, en leur
remontrant que tous ceux qui attentent au repos
de l'État par des discours, des libelles séditieux,
qui forment des ligues, des complots, des asso-
ciations, des rassemblemens criminels, qui in-
sultent la personne sacrée du roi par des paroles,
des écrits, des chansons, des gestes et des faits,
sont coupables du crime de lèze-majesté, crime
que les ordonnances non-abrogées de nos rois et
notre code pénal de 1810, punissent des peines
les plus sévères; en leur rappelant, entre autres
arrêts qui ont prononcé sur ce crime, celui du
parlement de Paris, du 11 janvier 1590, qui

condamna le vicaire de la paroisse de St.-Nicolas-des-Champs, de cette ville, à faire amende honorable et à être pendu , pour avoir dit qu'il se trouverait encore quelque homme de bien , comme Jacques Clément, (assassin d'Henri III) pour tuer Henri IV, ne fut-ce que lui ; celui du même parlement, du 6 septembre 1758, qui condamna Jean Moriceau de la Motte, huissier aux requêtes de l'hôtel , à faire amende honorable et à être pendu , pour avoir teuu des propos séditieux et injurieux contre le Roi ; celui encore du même parlement, du 1 février 1762 , qui condamna Paul-Réné du Truche de la Chaux , écuyer , ci-devant garde du Roi, à faire amende honorable, et à être pendu , pour avoir fabriqué des impos-tures contre la sûreté du Roi et la fidélité de la nation ; en leur remettant sous les yeux les divers jugemens des conseils militaires , les divers ar-rêts des cours d'assises de la capitale et des départemens, qui récemment ont condamné des factieux, des agitateurs, des séditieux, des rebelles à la peine de mort et à celle infâmante du bannis-sement. Si la crainte des peines ne peut rien sur eux , alors abandonnons-les au mépris dont ils sont dignes , laissons-les s'agiter dans l'ombre, écartés de tout ce qu'il y a d'honnêtes gens , qui, aussitôt qu'ils les connaîtront, les fuieront comme des êtres dangereux, et cesseront de fréquenter leur maison, leur magasin, leur atelier, leur boutique, de les employer, de les occuper, et d'avoir aucune affaire avec eux. Une police surveillante, à laquelle ils seront signalés, les connaîtra tous sans qu'ils s'en doutent, épiera leurs discours, leurs démarches, leurs sociétés, leurs actions, rendra nuls les rebelles et séditieux projets qu'ils pourraient avoir conçus, et à leurs premiers discours séditieux, ou à leurs premiers mouvemens insurrectionnels, la sévérité de la loi les atteindra.

En nous réunissant au meilleur des Rois, montrons-nous sujets véritablement loyaux et justes à son égard ; n'attristons point son cœur par nos plaintes et nos murmures, s'il ne nous fait pas jouir, aussi promptement que nous le désirerions, et qu'il le désire encore plus lui-même, des avantages que nous devons attendre de son sage et paternel gouvernement.

Considérons que, pour cicatriser nos plaies, guérir nos maux, nous garantir des orages politiques et révolutionnaires, nous faire jouir de la tranquillité, donner au gouvernement toute la force et l'activité dont il a besoin, réorganiser toutes les différentes branches d'administration, établir partout l'ordre et l'économie, surmonter

tous les obstacles que les circonstances ou la malveillance peuvent opposer au bonheur de la
France, la tâche est pénible à remplir.

Prenons patience : ce monarque, et ses ennemis eux-mêmes ne peuvent s'empêcher de l'a-
vouer, a l'intelligence, les connaissances, la
sagesse, la prudence et tous les talens nécessaires pour la bonne administration de son
royaume; il est actif, laborieux; l'amour de
son peuple ne lui laisse de repos ni jour, ni
nuit; sous peu nous ressentirons les heureux
effets de son zèle et de son travail pour le bien
général, et nous reconnaîtrons qu'il est le Roi
qui nous convient; le seul qui, dans la situation
critique où se trouvait la France quand il est
remonté sur son trône, pouvait la sauver; le
seul qui, par ses vertus, peut nous rendre
heureux, et nous nous féliciterons de vivre sous
son gouvernement.

FIN.